中国国家留学基金管理委员会指定来华留学生基础汉语教材

天天汉语

读写（3）

TIANTIAN HANYU DUXIE（3）

丛书主编 韩志刚 董 杰
本册主编 杨爱芬

图书在版编目(CIP)数据

天天汉语.读写.3/杨爱芬主编. —天津：天津大学出版社，2015.10

中国国家留学基金管理委员会指定来华留学生基础汉语教材

ISBN 978-7-5618-5452-5

Ⅰ.①天… Ⅱ.①杨… Ⅲ.①汉语－阅读教学－对外汉语教学－教材②汉语－写作－对外汉语教学－教材 Ⅳ.①H195.4

中国版本图书馆CIP数据核字(2015)第261529号

出版发行	天津大学出版社
地　　址	天津市卫津路92号天津大学内(邮编:300072)
电　　话	发行部:022-27403647
网　　址	publish.tju.edu.cn
印　　刷	廊坊市海涛印刷有限公司
经　　销	全国各地新华书店
开　　本	210mm×285mm
印　　张	16.5
字　　数	605千
版　　次	2015年12月第1版
印　　次	2015年12月第1次
定　　价	69.80元

前　言

本套教材是由中国国家留学基金管理委员会指定的来华留学生预科教育专用基础汉语教材，也可供以学习基础汉语、报考 HSK(汉语水平考试)为目的的各类来华留学生使用。

中国政府奖学金本科来华留学生预科教育自 2005 年起开始试行，近十年来，各预科教育院校所采用的基础汉语教材并不统一，其中罕有完全适合预科教育培养目标的教材，因此设计编写为预科教育培养目标服务的专用教材显得非常必要。随着预科教育的不断发展，教育部国际司和国家留学基金管理委员会致力于推动预科教育培养标准的规范化和科学化工作，逐步确定和完善预科教学大纲、考试大纲，这为预科教育专用教材的设计编写提供了重要依据。

为了服务预科教育总体培养目标、加强预科专用教材建设、推动预科教育事业的发展，2013 年天津大学国际教育学院决定组织力量编写一套针对性强的预科教育基础汉语专用教材。自 2013 年春季始，我们集中学院优秀师资，以多年从事预科教育的汉语教师为主体组成编写团队，精心设计编写，反复修改打磨，经过三年的努力，工作终见成效。

本套教材包括读写和口语两个系列，共五册，其中读写教材为主干，分为三册。读写教材遵循以结构为纲、兼顾功能和话题的原则，语法点、词汇的选择以预科基础汉语教学大纲及新 HSK 考试大纲为主要依据，语言知识讲解以直观、简要、易懂为原则，严格控制词语的级别，追求科学性；课文内容贴近日常生活，兼顾实用性和趣味性。

本书为读写第三册，全书共 20 课，选取校园生活、业余爱好、课堂对话、人际交往、交通出行、居家美食、气候环境、文化体验、运动健身、社会活动等具有实用性的鲜活话题。本书包含了汉语基础阶段的重要语法知识，收入 560 多个汉语基本词语。每课包括生词表、课文、语法、练习四大部分。生词除拼音、词性、英文释义以外，还配有常见搭配实例；课文配有相应插图，课文后附有注释和课文理解，注释是对课文中出现的重要词语、结构形式等进行简单注解并辅以例句说明，课文理解针对课文内容提出问题，检验学生对课文内容的理解程度；语法部分对重要语法点进行格式化的归纳分析，列出常见错句，并对语法点的重点难点进行总结；练习中融入 HSK 题型，同时注重学生对词义的理解认知，加入语素练习，兼顾语音训练和汉字书写练习。本书适合已掌握600个以上汉语基本词语的来华留学生使用。学完后可以达到新 HSK 四级合格水平。

本书第一至五课由杨爱芬老师编写，第六至十课由李琳老师编写，第十一至十五课由韩志刚老师编写，第十六至二十课由赵卫老师编写。本书英文翻译工作由王子君、张丽媛、李琳三位老师完成。

真诚期待使用本书的老师和学习者提出宝贵意见，以便我们进一步修改完善。

编者

2015 年 10 月

于天津大学

目　录

第一课

周末做什么

生　词　New Words

1	安排	ānpái	动、名	to arrange, arrangement	安排工作
2	好好儿	hǎohāor	副	all out, to one's heart's content	好好儿打扫
3	羽毛球	yǔmáoqiú	名	badminton	打羽毛球
4	不过	búguò	连	but, however	
5	要是	yàoshì	连	if	
6	可是	kěshì	连	but, however	
7	礼拜天	lǐbàitiān	名	Sunday	这个礼拜天
8	聚会	jùhuì	动、名	gathering, party	生日聚会
9	乱	luàn	形	in a mess	房间很乱
10	死	sǐ	形	dead	累死了
11	逛	guàng	动	to stroll	逛商店
12	公主	gōngzhǔ	名	princess	漂亮的公主

课　文　Text

（一）周末做什么

安　娜：玛丽，明天星期六，你有什么安排？

玛　丽：这两天我准备考试，累坏了，我想明天先好好儿睡一觉，星期天跟大卫去打羽毛球。

安　娜：你会打羽毛球啊？你打得怎么样？

玛　丽：我打得不太好，不过大卫打得好极了。你要是有时间就跟我们一起去吧。

安　娜：我很想去，可是我礼拜天有事儿，我们国家的学生有一个聚会。

玛　丽：是吗？在哪儿聚会？

安　娜：就在我的房间。

玛　丽：哦，那你应该好好儿准备一下儿。

安　娜：是啊，我的房间一个星期没收拾了，乱死了，明天我要好好儿打扫一下儿，然后还要去逛街买衣服，聚会我要穿得漂亮一点儿。

玛　丽：当然，你是聚会的公主嘛。

生　词　New Words

13	开心	kāixīn	形	happy, delighted	很开心
14	兴奋	xīngfèn	形	excited	太兴奋了
15	精彩	jīngcǎi	形	wonderful, marvelous	十分精彩
16	热闹	rènao	形	lively	真热闹
17	京剧	jīngjù	名	Beijing opera	看京剧
18	害羞	hàixiū	形	shy	有点儿害羞
19	笑话	xiàohua	名	joke	讲笑话
20	幽默	yōumò	形	humorous	很幽默
21	弹钢琴	tán gāngqín		to play the piano	喜欢弹钢琴
22	钢琴	gāngqín	名	piano	一架钢琴
23	弹	tán	动	to play	弹钢琴
24	后悔	hòuhuǐ	动	to regret	真后悔
25	开玩笑	kāi wánxiào		to make fun of	别开玩笑

课　文　Text

（二）同学聚会怎么样

玛　丽：安娜，昨天的聚会怎么样？

安　娜：好极了，我们玩儿得很开心。大家都很兴奋，一起聊天儿、吃东西，还有人表演了节目，表演得很精彩。

玛　丽：是吗？那么热闹！都有什么节目呀？

安　娜：有一个同学唱京剧，她刚学，有点儿害羞，不过唱得挺好的。还有一个同学讲了好多笑话，可幽默了，我笑得肚子都疼了。

玛　丽：你没弹钢琴呀？听说你钢琴弹得不错。

安　娜：我想弹，可是宿舍里没有钢琴，真后悔没买钢琴。

玛　丽：宿舍里能放钢琴？别开玩笑了。

注　释　Notes

一、好好儿（to one's heart's content）

（1）我想明天先好好儿睡一觉。

（2）明天我得好好儿打扫一下房间。

（3）咱们好好儿休息几天。

二、挺……的 (quite)

（1）今天的天气挺好的。

（2）你这件衣服挺漂亮的。

三、可……了 (very)

（1）他的房间可干净了。

（2）他可幽默了。

课文理解　Text Comprehension

一、根据课文(一)回答问题　Answer the Following Questions According to Text(一)

(1)玛丽周末有什么计划?安娜呢?

(2)玛丽为什么累坏了?

(3)安娜为什么要打扫房间?

(4)玛丽羽毛球打得怎么样?谁羽毛球打得好?

二、根据课文(二)回答问题　Answer the Following Questions According to Text(二)

(1)安娜的同学聚会怎么样?

(2)朋友们表演了什么节目?表演得怎么样?

(3)安娜为什么肚子疼?

(4)安娜想要买钢琴,是吗?

三、根据课文(一)填空　Fill in the Blanks According to Text(一)

玛丽这两天准备考试,她很________,星期六她想好好儿________,星期天跟大卫去________。大卫羽毛球打得________。安娜星期天要参加一个________,就在她的________,所以安娜星期六要好好儿________一下房间,因为她的房间太________了。

四、根据课文(二)填空　Fill in the Blanks According to Text(二)

同学们昨天在安娜的房间________,大家玩儿得很________。有人准备了节目,表演得很________。有人唱________,还有人讲________。

语 法 Grammar

一、adj.+ 极了、adj.+ 死了、adj.+ 坏了

S	+	adj.	+	极了

（1）这件衣服　　漂亮　　极了。

（2）毕业晚会的表演　　精彩　　极了。

（3）今天天气________极了。

S	+	adj.	+	死了

（1）这张桌子　　脏　　死了。

（2）我心里　　难过　　死了。

（3）你的房间________死了。

S	+	adj.	+	坏了

（1）我　　饿　　坏了。

（2）他　　忙　　坏了。

（3）他________坏了。

→
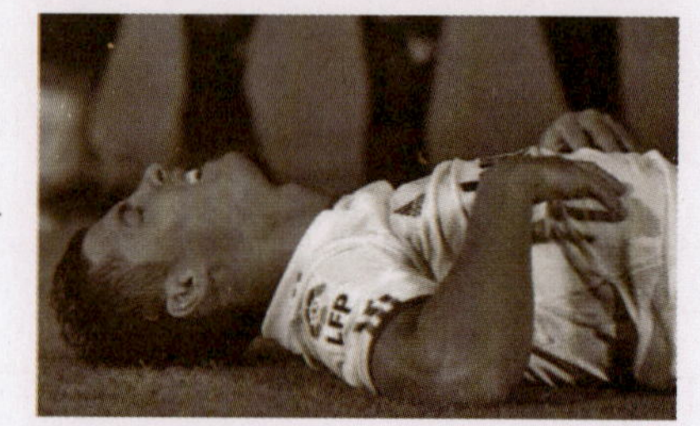

错句　Wrong Sentences

*（1）今天的节目精彩死了。

*（2）这件衣服漂亮坏了。

总结　Summary

“极了”“坏了”“死了”用在形容词或心理动词后面，表示情况或动作达到很高的程度。“极了”可以用在积极意义的词语或者消极意义的词语的后面；“死了”“坏了”多用在消极意义的词语的后面，“坏了”使用的范围最窄，常常表示身体或精神受到某种影响而达到极不舒服的程度。

“极了”，“坏了”，“死了”are used after adjectives or psychological verbs to express a high degree of situation or action. “极了”can be used after the words with positive or negative meanings. “死了”，“坏了” are usually used after the words with negative meanings. “坏了”is used in the fewest situation, which is usually used to express extreme discomfort because of physical or mental influence.

二、带“得”字的补语　Complements with “得”

肯定式　Affirmative Form

S	+	V得	+	adj./VP

（1）孩子们　玩儿得　很高兴。

（2）你今天　穿得　真漂亮。

(3)房间　打扫得　真干净。

(4)我　笑得　肚子疼。

S + V + O + V得 + adj.

(1)她　唱　歌　唱得　真好听。

(2)大卫　打　羽毛球　打得　很好。

(3)玛丽　做　饭　做得　很好吃。

S + O + V得 + adj.

(1)他　钢琴　弹得　很不错。

(2)安娜　汉语　说得　很流利。

(3)她　歌　唱得　真好听。

否定式　Negative Form

V得 + 不 + adj.

(1)孩子们　玩儿得　不　高兴。

(2)她唱歌　唱得　不　好听。

(3)安娜汉语　说得　不　流利。

错句　Wrong Sentences

*(1)她弹钢琴得很好。

*(2)他说汉语得很流利。

总结　Summary

形容词或其他成分在“动词 + 得（助词）”后面作补语，用来说明已经发生或正在发生的动作呈现或达到的状态。“得”字必须放在动词后面，不能直接放在宾语后面。

Adjectives and other elements used as complements after “verb + 得 (auxiliary word)” are used to express the state presented by the action happening or occurred. “得” should be put after the verb instead of being put directly after the object.

综合练习　Comprehensive Exercise

一、语音练习　Pronunciation Exercise

（一）朗读后用汉字写出指定的词语　Write down the Pointed Characters after Reading Aloud

1.Nǐ jīntiān yǒu shénme ānpái ?

（　　）

2.Yàoshì míngtiān tiānqì hǎo ,wǒ jiù qù gōngyuánr.

（　　）

3.Míngtiān wǒ yào cānjiā tóngxué jùhuì.

（　　）

4.Mǎshàng yào jiàndào hǎo péngyou le ,wǒ hěn xīngfèn.

（　　）

5.Tā hěn xǐhuan kāi wánxiào.

（　　）

6.Wǒ yìdiǎnr yě bú hòuhuǐ zìjǐ de xuǎnzé.

（　　）

（二）朗读词组　Read Aloud the Phrases

饿坏了　　累坏了

乱死了　　疼死了

好极了　　开心极了

踢足球　　打篮球　　打羽毛球

吃得很饱　　穿得很漂亮　　唱得很好听

玩儿得很开心　　表演得很精彩　　打扫得很干净

二、语素练习　Morpheme Exercise

1. 球（qiú, ball）：羽毛球　足球　篮球

________球　________球

2. 会（huì, together）：聚会　机会　会议

________会　________会

3. 后（hòu,back）：后面　然后　后悔

后________　________后

三、选词填空　Choose the Proper Words to Fill in the Blanks

安排　聚会　收拾　乱　开心　精彩

1. 我暑假没有什么________，留在学校里继续学习。
2. 朋友见面，大家好________。
3. 你的房间太________了，快________一下吧。
4. 今天是玛丽的生日，我们要开一个生日________。
5. 今天的节目太________了。

兴奋　热闹　害羞　幽默　后悔

6. 他很________，一说话脸就红。
7. 我以前学习不太努力，现在我很________。
8. 他________得想要跳舞。
9. 昨天的聚会来了那么多人，真________。
10. 他说话很________，大家都喜欢跟他聊天儿。

四、语法练习　Grammar Exercise

（一）替换练习　Substitution Drills

1. 他们　表演　得　很精彩。

老师	讲	很明白
小王	说	特别清楚
大卫	读	非常流利

2. 他　羽毛球　打　得　好极了。

小李	歌儿	唱	很好听
他	菜	做	特别好吃
李老师	京剧	表演	不错

3. 同学聚会　热闹　极了。

表演	精彩
他的汉语	流利
他的房间	干净

4. 他的房间　乱　死了。

这个人	讨厌
北方的冬天	冷
今天的天气	热

5. 一天没休息，　他　累　坏了。

中午没吃饭	我	饿
听了这个消息	小王	高兴
上课要迟到了	小张	急

(二)根据所给的词语，按要求造句　Make Sentences with the Given Words According to the Requirement

1. 带“得”字的补语　Complements with “得”

例如：他们玩儿　他们很开心

他们玩儿得很开心。

(1)他们很感动　　他们哭了

____

(2)他做饭　　饭很好吃

____

(3)他收拾房间　　房间很干净

____

(4)他肚子疼　　他不能起床

____

(5)他很饿　　他一点儿力气也没有

____

2.……极了；……死了；……坏了

例如：她穿了一件新衣服　　非常漂亮

她穿了一件新衣服，漂亮极了。

(1)他考试得了第一名　　他太开心了

____

(2)他的小狗丢了　　他好伤心

____

(3)今天 38 ℃　　天气太热了

____

(4)他早上没吃饭　　他很饿

____

(5)他三天没休息　　他特别累，有点儿不舒服

____

(三)组句　Construct Sentences

1. 玩儿　开心　很　得　我们

____

2. 我　肚子　疼　得　笑　了

____

3. 钢琴　弹　不错　得　她

____

4. 她　　汉语　　好　　的　　了　　极

____

5. 今天　　死　　我　　累　　了

____

（四）课堂活动　Classroom Activities

四人一组，先分别介绍一下自己的周末生活，然后由一名同学介绍本组学生的周末生活。尽量用上本课所学的词语、语法结构。（例如：聚会、表演、精彩、热闹、累等；V+ 得 + 补语、……极了、……死了、……坏了）

五、排列顺序　Order the Sentences

1. A: 我打算下课以后
   B: 为今天晚上的聚会做准备
   C: 先收拾一下房间　　______________________
2. A: 昨天晚上聚会的时候
   B: 她唱得好极了
   C: 我的朋友表演了京剧　　______________________
3. A: 就能看见图书馆了
   B: 你过了这个教学楼
   C: 再往前走一百米　　______________________

六、阅读理解　Reading Comprehension

今天我和朋友们一起去爬山。我们是坐汽车去的，汽车开得很快，半个小时就到了山下。这座山很高，景色挺漂亮的。我们开始从山下往上爬。开始的时候我们爬得很快，也不觉得累。渐渐地(jiànjiàn de，gradually)，我觉得累了，也爬得慢了。爬到一半儿的时候，我觉得自己要累死了，不想再爬了，想好好儿休息一下。我的朋友说："加油 (jiāyóu，come on)！加油！"听了他的话，我继续 (jìxù，continue) 往上爬。爬了两个小时，我们终于到了山顶。呀 (yà，ah)！山顶的景色美（měi，beautiful）极啦！

★爬山的时候"我"怎么样？（　　）

A. 一直都爬得很快　　B. 渐渐觉得很累　　C. 很高兴　　D. 没有到山顶

七、根据偏旁，写出不同的汉字 Write down Different Characters According to the Following Chinese Character Components

忄：快

________ ________ ________

刂：到

________ ________ ________

扌：打

________ ________ ________

亻：他

________ ________ ________

第二课

你跟我一样大

生　词　New Words

1	礼貌	lǐmào	名、形	polite	有礼貌、不礼貌
2	忘	wàng	动	to forget	忘了
3	韩国	Hánguó	专名	Korea	韩国人、去韩国
4	年龄	niánlíng	名	age	年龄很大
5	敬语	jìngyǔ	名	honorific	用敬语
6	吃惊	chījīng	动	to be surprised	很吃惊
7	理解	lǐjiě	动	to understand	理解他
8	熟悉	shúxi	动	to be familiar with	跟他很熟悉
9	出生	chūshēng	动	to be born	他 1990 年出生

课　文　Text

（一）你跟我一样大

金成石：玛丽，请问你今年多大了？

玛　丽：这……

王　明：成石，你这样问玛丽不礼貌。

金成石：对不起，我忘了，你们的习惯跟韩国不一样，在韩国我们习惯第一次见面就问年龄，因为韩语里有敬语，跟比自己大的人说话要用敬语。

玛　丽：没关系。你刚才问我的时候，我有点儿吃惊，现在我理解了。王明，中国人也有这样的习惯吗？

王　明：中国人的习惯跟韩国不太一样，一般第一次见面不会问年龄，熟悉了以后才可能会问，而且一般是年纪大的人问年轻人。

金成石： 我明白了，咱们已经见过好几次面了，我是不是可以问你的年龄了呢？

王　明： 我是1990年出生的。

金成石： 那你跟我一样大。

生　词　New Words

10	打折	dǎzhé	动	to discount	商场打折
11	质量	zhìliàng	名	quality	质量很好
12	差不多	chàbuduō		almost, nearly	价格差不多
13	价格	jiàgé	名	price	价格便宜
14	却	què	副	but	
15	蔬菜	shūcài	名	vegetable	买蔬菜
16	葡萄	pútao	名	grape	吃葡萄
17	西红柿	xīhóngshì	名	tomato	好吃的西红柿
18	购物	gòuwù	动	to do shopping	去购物
19	省	shěng	动	to save	省钱
20	巧克力	qiǎokèlì	名	chocolate	喜欢巧克力
21	过期	guòqī	动	to be overdue	商品过期
22	该	gāi	动	should, ought to	该买的东西
23	付款	fùkuǎn	动	to pay	去付款
24	收银台	shōuyíntái	名	cashier desk	收银台在那边
25	节约	jiéyuē	动	to save	节约用水

课　文　Text

（二）这家超市在打折

（在超市）

玛　丽： 这家超市真不错，东西的质量跟别的超市差不多，但是价格却便宜了不少。

安　娜：是啊，这里的水果、蔬菜都在打折，这葡萄跟我昨天买的一样新鲜，可是我买的是十块钱一斤，这儿才五块，西红柿也便宜好多，来这儿购物能省不少钱。

玛　丽：看我买的巧克力，打五折，便宜吧？

安　娜：怎么那么便宜？你看看是不是快过期了？

玛　丽：我看了，没问题。

安　娜：该买的东西都买了吧？咱们去付款吧，收银台在那边。

玛　丽：我还想再逛逛，有好多好吃的东西都打折呢。

安　娜：别乱买了，节约点儿吧。

注　释　Notes

一、才（just）

（1）那儿的苹果十块钱一斤，这儿才五块。

（2）才六点，现在出发太早了。

（3）我写了一个小时，才写了100个字。

二、好几（several）

（1）他好几天没来上课了。

（2）我已经去过好几次了。

（3）她今天买了好几件漂亮衣服。

三、乱（random）

（1）别乱买东西。

（2）他昨天乱吃东西，今天肚子不舒服了。

（3）A：她是你女朋友吧？

B：别乱说，她是我的同学，不是我女朋友。

四、却（but）

（1）他很聪明，却不努力。

(2)我来看你,可是你却走了。

(3)他说来却没有来,为什么呢?

课文理解 Text Comprehension

一、根据课文(一)判断句子正误 Judge the Following Sentences According to Text(一)

(1)金成石可能是韩国人。 ( )

(2)中国人习惯第一次见面就问年龄。 ( )

(3)金成石问玛丽多大了,玛丽很高兴。 ( )

(4)金成石和王明是第一次见面。 ( )

(5)金成石比王明大。 ( )

二、根据课文(二)回答问题 Answer the Following Questions According to Text(二)

(1)玛丽觉得这家超市怎么样?为什么?

(2)安娜觉得这里怎么样?为什么?

(3)这家超市的葡萄怎么卖?

(4)谁想继续在这里买东西?

三、根据课文(一)填空 Fill in the Blanks According to Text(一)

金成石和玛丽第一次见面,金成石问玛丽________,玛丽有点儿________,王明觉得这样问玛丽不________,金成石说________,他忘了这里跟________习惯不一样。

四、根据课文(二)填空 Fill in the Blanks According to Text(二)

玛丽和安娜去一家超市买东西,这家超市东西的________跟别的超市差不多,但是________却很便宜,来这儿购物能________不少钱。她们买了很多东西。

语　法　Grammar

一、……跟……一样 / 不一样 / 差不多　same with/different from/almost

A	跟	B	+	一样

(1)这件衣服　跟　那件衣服　　一样。

(2)我的书包________你的书包________。

A	跟	B	+	差不多

(1)这件衣服　跟　那件衣服　　差不多。

(2)我 90 分，他 91 分。

→我的成绩跟他的成绩________。

A	跟	B	+	不一样

(1)这件衣服　跟　那件衣服　　不一样。

(2)我喜欢音乐，他喜欢运动。

→我的爱好跟他的爱好________。

错句 Wrong Sentences

*(1)这件衣服那件衣服一样跟。

*(2)这件衣服那件衣服跟一样。

总结 Summary

"跟……一样 / 不一样 / 差不多"表示事物之间同异的比较,"跟"引进比较对象,"跟"的后面是表示比较对象的名词,不能说"一样跟"、"跟一样"。

"跟……一样 / 不一样 / 差不多"expresses the comparison of the similarities and differences. "跟"introduces the object of the comparison. It is followed by the noun of the object. We can not say "一样跟","跟一样".

二、……跟……一样 / 不一样 / 差不多 + adj. same with/different from/almost + adj.

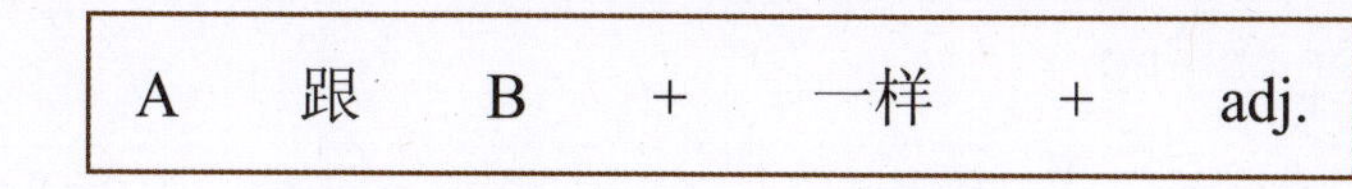

(1)他 跟 我 一样 大。

(2)这本书 跟 那本书 一样 贵。

(3)玛丽 1.68 米,安娜 1.68 米。

→玛丽________安娜一样________。

A	跟	B	+	不一样	+	adj.

(1)这个房间 跟 那个房间 不一样 大。

(2)玛丽 1.78 米,安娜 1.68 米。

→玛丽________安娜不一样________。

错句 Wrong Sentences

*(1)安娜跟玛丽高一样。

*(2)他的个子跟我的个子一样不高。

总结 Summary

"A 跟 B+ 一样 / 不一样 + 形容词 / 动词"表示事物之间某一方面的性质同异的比较。"形容词 / 动词"要放在"一样 / 不一样"的后面,不能说"一样 + 不 + 形容词",应该说"不一样 + 形容词"。

"A 跟 B+ 一样 / 不一样 +adj./V"expresses the comparison of the similarities and differences on a certain aspect. “adj./V” should be put behind “一样 / 不一样”. We should say “不一样 + 形容词” instead of “一样 + 不 +adj.”

综合练习　Comprehensive Exercise

一、语音练习　Pronunciation Exercise

（一）朗读后用汉字写出指定的词语　Write down the Pointed Characters after Reading Aloud

1.Gēn biérén shuōhuà yào yǒu lǐmào.

（　　）

2.Tīngshuō le zhè jiàn shì, wǒ hěn chījīng.

（　　）

3.Nǐ bié tài nánguò le,wǒmen dōu hěn lǐjiě nǐ.

（　　）

4.Zhè jiā chāoshì de dōngxi dōu zài dǎzhé,hěn piányi.

（　　）

5.Zhè jiàn yīfu zhìliàng hěn hǎo,jiàgé yě búguì .

（　　）　（　　）

6.Wǒ hěn xǐhuan chī qiǎokèlì.

（　　）

（二）朗读词组和句子　Read Aloud the Phrases and Sentences

好几天　　好几次　　好几个人

才七点　　才五块　　才两分钟

乱写　　乱说话　　乱买东西

你的笔跟我的笔一样。

你的本子跟他的不一样。

你的汉语跟我一样好。

安娜跟玛丽不一样高。

玛丽的书包跟我的书包差不多。

二、语素练习 Morpheme Exercise

1. 年（nián，age，year）：年龄　　去年

　　年________　　________年

2. 物（wù，thing，matter）：动物　　购物

　　________物　　________物

3. 出（chū，come）：出生　　出现

　　出________　　出________

4. 期（qī，period）：星期　　日期

　　________期　　________期

三、选词填空 Choose the Proper Words to Fill in the Blanks

吃惊　礼貌　节约　购物　价格

1. 他从来不乱花钱，很________。
2. 他虽然只有六岁，但是很懂________。
3. 我很________，他刚来中国一年，汉语说得那么好。
4. 这家超市的东西________比那家便宜。
5. 市中心有很多可以________的大商场。

出生　忘　差不多　付款　打折

6. 这里的气候跟我的城市________。
7. 我是 1994 年________的，今年 21 岁。
8. 对不起，我________了给你打电话。
9. 这家商场正在________，东西可便宜了。
10. 请先去收银台________，再来拿东西。

四、语法练习 Grammar Exercise

（一）替换练习 Substitution Drills

1. 这本书的价格　跟　那本书　一样。

这个词的意思	那个词
我的爱好	朋友
这件衣服的颜色	那件衣服

2. 你的习惯　跟　我　不一样。

我同屋的习惯	我
这儿的气候	我的国家
我爸爸的爱好	我

3. 你　跟　我　一样　大。

这个菜	那个菜	好吃
女儿	妈妈	高
你的房间	我的房间	干净

4. 这个房间　跟　那个房间　不一样　大。

这条裤子	那条裤子	长
去北京	去上海	远
葡萄	西红柿	贵

（二）用所给的词语回答问题 Answer the Following Questions with the Given Words

1. 你来中国多长时间了？

______________________________（好几……）

2. 这件衣服贵吗？

______________________________（才）

3. 他怎么肚子疼了？

______________________________（乱）

4. 他今天来上课了吗？

________________________________（却）

5. 今天的作业多吗？

________________________________（跟……一样……）

（三）组句　Construct Sentences

1. 年龄　　我爸爸　　我妈妈　　大　　一样　　跟

____

2. 这件毛衣　　跟　　一样　　颜色　　那件毛衣

____

3. 跟　　我　　我弟弟　　不　　高　　一样

____

4. 喜欢　　跟　　他　　蔬菜　　肉　　一样

____

5. 性格　　我　　差不多　　的　　她　　跟

____

（四）课堂活动　Classroom Activities

二人一组，互相比较两个人的物品（衣服、文具等）哪个一样，哪个不一样，然后由其中一个人来说明（要求用上“……跟……一样 / 不一样”结构）

五、排列顺序　Order the Sentences

1. A: 下个星期是她的生日
   B: 我的妹妹很想要一个手机
   C: 我打算送她一个　　　　________________________________
2. A: 我胖了很多
   B: 今年都不能穿了
   C: 去年打折时我买了很多衣服　　　　________________________________
3. A: 就来到了中国
   B: 去年我决定学习汉语
   C: 我出生在韩国　　　　________________________________

六、阅读理解 Reading Comprehension

我有一个朋友，叫迈克。他跟我年龄一样大，他 20 岁，我也 20 岁。他跟我爱好一样，他喜欢运动，我也喜欢运动。他喜欢的颜色跟我喜欢的颜色一样，他喜欢蓝色，我也喜欢蓝色。但是他的汉语水平跟我不一样，他的汉语说得很好，我说得不好。

★"我"跟迈克哪方面（fāngmiàn，respect, aspect）不一样？（　　）

A. 年龄　　B. 爱好　　C. 喜欢的颜色　　D. 汉语水平

七、根据偏旁，写出不同的汉字 Write down Different Characters According to the Following Chinese Character Components

亻：付

________　________　________

钅：银

________　________　________

辶：过

________　________　________

讠：该

________　________　________

第三课

我们那儿的风没有这么大

生　词　New Words

1	适应	shìyìng	动	to adapt	适应环境
2	生活	shēnghuó	名	life	这里的生活
3	气候	qìhòu	名	climate	气候不错
4	干燥	gānzào	形	dry	天气干燥
5	凉快	liángkuai	形	cool	很凉快
6	暖和	nuǎnhuo	形	warm	真暖和
7	哇	wa	叹	wow	哇，真漂亮
8	气温	qìwēn	名	air temperature	气温很高
9	自然	zìrán	名	nature	自然环境
10	海	hǎi	名	sea	大海
11	森林	sēnlín	名	forest	绿色的森林
12	保护	bǎohù	动	to protect	保护森林
13	植物	zhíwù	名	plant	绿色植物
14	导游	dǎoyóu	名	guide	我的导游
15	怀疑	huáiyí	动	to doubt	怀疑他说的话

课　文　Text

(一)我们那儿的风没有这么大

王　明：　玛丽，你最近怎么样？适应这里的生活了吗？

玛　丽：　还好，学习上有老师、同学帮助，我都适应了，只是这里的气候跟我们那儿太不一样了，我还真不习惯。

王　明：是吗？

玛　丽：是啊，我们那儿春天没有这儿这么干燥，风也没有这么大。而且夏天凉快，冬天暖和，一年四季气温变化都不大。

王　明：哇，真是个好地方，你们那儿自然环境也不错吧？

玛　丽：当然，我们那儿有大海，有森林，而且森林保护得特别好，我经常去森林里散步，森林里还有很多奇怪的植物呢。

王　明：真有你说的那么好吗？我就喜欢有水有树的地方，有机会我一定去你们那儿旅游，看看你说的是不是真的，到时候你做我的导游怎么样？

玛　丽：没问题，到了我们那儿你就不会怀疑我说的话了。

生　词　New Words

16	将来	jiānglái	名	future	将来的生活
17	辛苦	xīnkǔ	形	hard	真辛苦
18	硕士	shuòshì	名	master	硕士毕业
19	博士	bóshì	名	doctor	博士毕业
20	紧张	jǐnzhāng	形	nervous, intense	学习很紧张
21	竞争	jìngzhēng	动	to compete	跟他竞争
22	厉害	lìhai	形	severe, fierce	竞争很厉害
23	压力	yālì	名	pressure	压力很大
24	轻松	qīngsōng	形	relaxed	轻松的生活
25	幸福	xìngfú	形	happy	幸福的人
26	羡慕	xiànmù	动	to envy, to admire	真羡慕你
27	得	dé	动	to get, to obtain	得到好成绩

课　文　Text

（二）我们的压力没有你们这么大

（晚上，王明在给大卫辅导，王明看起来有点儿困）

大　卫：　王明，你今天是不是很累呀？

王　明：　不好意思，我昨天准备考试，三点钟才睡觉。

大　卫：　你睡得太晚啦，要注意身体呀。

王　明：　没办法，将来找工作，没有个好成绩不行啊。

大　卫：　你们中国学生真辛苦呀，从小学到大学，再从硕士到博士，都这么紧张。

王　明：　你们国家的学生不是这样吗？

大　卫：　不是，我们国家的学生竞争没有你们这么厉害，压力也没有你们这么大。我们国家的小学生和中学生都只上半天课，很轻松。

王　明：　真幸福，好羡慕你们啊！不过我在学习中也得到了很多快乐。

注　释　Notes

一、……上（in the field of, on the aspect of）

（1）学习上有老师、同学帮助，我都适应了。

（2）我刚来中国的时候生活上有很多困难。

（3）在这个问题上我们想的一样。

二、……那儿（there）

“那儿”在某些名词、人称代词及疑问代词“谁”的后面，表示处所。

（1）星期天我们在他那儿见面。

（2）我的书在谁那儿？

（3）我今天去朋友那儿玩儿。

三、……，只是……（just, only）

（1）学习上我都适应了，只是这里的气候我还不习惯。

（2）这件衣服挺漂亮的，只是太贵了。

（3）我很想去参加你的生日聚会，只是要考试了，没有时间。

四、从……到……(from...to...)

（1）从小学到大学他都很努力。

（2）从早晨到晚上他都在读书。

（3）我们上课的时间是从 8:30 到 12:00。

课文理解　Text Comprehension

一、根据课文(一)回答问题　Answer the Following Questions According to Text(一)

（1）玛丽适应这里的学习了吗？谁帮助了她？

（2）玛丽不适应什么？为什么？

（3）玛丽她们那儿气候怎么样？

（4）玛丽她们那儿自然环境怎么样？

（5）王明喜欢什么样的地方？

（6）你觉得王明会去玛丽她们那儿旅游吗？为什么？

二、根据课文(二)回答问题　Answer the Following Questions According to Text(二)

（1）王明是不是很累？为什么？

（2）王明昨天为什么睡那么晚？

（3）大卫觉得中国学生的生活怎么样？跟他的国家的学生一样吗？

（4）王明觉得自己的学习生活怎么样？

三、根据课文(一)填空　Fill in the Blanks According to Text(一)

玛丽刚来中国学习，学习______有老师同学帮助，她都______了，只是这里的气候她还不______，因为跟她们那儿太不一样了。玛丽的家春天没有这儿这么______，风也没有______大。玛丽的家夏天______，冬天______，一年四季______变化都不大。而且玛丽的家自然______也很好，有大海，有______。王明听了玛丽的介绍，很想去玛丽她们那儿______，到时候玛丽可以做他的______。

四、根据课文(二)填空 Fill in the Blanks According to Text(二)

王明昨天晚上______考试,三点钟______睡觉,所以他今天很累。大卫告诉他要______身体。大卫觉得中国的学生很______,学习很______,他们国家的学生______没有这么厉害,______也没有这么大。王明很______他们,但是王明说他在学习中也______了很多快乐。

语 法 Grammar

一、……没有……(这么/那么)…… not as...as...

A	+	没有	+	B	+	adj.

(1)我的汉语　没有　他　好。

(2)我　没有　你　高。

(3)我90分,他91分。

→我的成绩没有他的成绩________。

A	+	没有	+	B	+	V得	+	adj.

(1)　他　没有　你　说得　好。

(2)　我　没有　你　跑得　快。

(3)　玛丽　没有　安娜　来得　早。

A + 没有 + B + 这么/那么 + adj./VP（心理）

（1）我们那儿的春天 没有 这儿 这么 干燥。

（2）我 没有 你 那么 喜欢踢足球。

（3）今天 25 ℃，昨天 35 ℃。

→今天没有昨天那么热。

（4）我的房间 20 m^2，你的房间 25 m^2。

→我的房间没有你的房间这么________。

错句 Wrong Sentences

*（1）我高没有你。

*（2）今天没有那么热昨天。

总结 Summary

比较句使用“没有”作标记，表示 A 项不如 B 项。

When a comparative sentence uses“没有”as a sign, it refers that A is not as good as B.

二、……有……（这么/那么）…… as...as...

A + 有 + B + 这么/那么 + adj.

（1）那个孩子 有 你 这么 高。

（2）这个教室 有 那个教室 那么 大。

（3）那个学校 有 这个学校 这么 远。

A + 有 + B + adj.

（1）他的汉语 有 你 好吗？

（2）那个女孩儿 有 你 漂亮吗？

（3）谁 有 你 聪明啊？你考试总是第一名。

错句 Wrong Sentences

*（1）她的汉语有好比我。

*（2）这个教室那么大有那个教室。

总结 Summary

比较句使用“有”作为标记，表示 A 达到了 B 的程度，A 和 B 差不多。用“有”的比较句，尤其是句中没有“这么”“那么”表示程度时，常常用在问句中。

When a comparative sentence uses “有”as a sign, it refers that A is as good as B, or A is about the same with B. The comparative sentence with “有”, especially when there isn't “这么”,“那么”in the sentence, is usually used in asking questions.

综合练习 Comprehensive Exercise

一、语音练习 Pronunciation Exercise

(一)朗读后用汉字写出指定的词语 Write down the Pointed Characters after Reading Aloud

1.Nǐ shìyìng zhōngguó de shēnghuó le ma？

(   )

2.Běijīng de chūntiān hěn gānzào.

(   )

3.Zhège chéngshì zài hǎibiān，qìhòu hěn hǎo.

(   )

4.Wǒ hěn huáiyí tā shuō de huà.

(   )

5.Zhǎo gōngzuò jìngzhēng hěn lìhai.

(   )

6.Nǐ yào zhùyì shēntǐ，bú yào gǎnmào.

(   )

(二)朗读词组 Read Aloud the Phrases

学习上　　生活上　　这个问题上

我这儿　　我们这儿　　老师这儿

你那儿　　你们那儿　　朋友那儿

从小学到大学

从这里到那里

从早上到晚上

二、语素练习 Morpheme Exercise

1. 士（shì，scholar，person）：硕士　　博士

　　________士　________士

2. 法（fǎ，method）：办法　　看法

　　________法　________法

2. 天（tiān，season）：春天　　夏天

　　________天　________天

三、选词填空 Choose the Proper Words to Fill in the Blanks

凉快　保护　导游　暖和　紧张

1. 最近他们要考试，学习很________。
2. 我们一定要________环境，因为我们每天在这里生活。
3. 夏天在有空调的房间里很________。
4. 在一个不熟悉的地方旅游，需要找一位________。
5. 春天来了，天气________了。

气温　压力　办法　旅游　羡慕

6. 今天很热，________很高。
7. 他的女朋友那么漂亮，我很________他。
8. 马上要考 HSK 了，我________很大。
9. 暑假我打算去云南________。
10. 太好了，我想出了一个好________。

四、语法练习 Grammar Exercise

（一）替换练习 Substitution Drills

1. 我们那儿　没有　这儿　这么　干燥。

那个公园	这个公园	漂亮
他	你	努力
我	他	爱学习
安娜	玛丽	喜欢音乐

2. 我们那儿　风　没有　这么　大。

他们那儿	东西	贵
城市里	风景	漂亮
外面	气温	高

3. 他说得　没有　你　好。

我跑得	他	快
安娜来得	玛丽	早
大卫吃得	迈克	多

4. 那个教室　有　这个教室　这么　大。

那个孩子	桌子	高
去年的学生	今年	多
HSK 四级考试	这次考试	难

（二）用所给的词语回答问题 Answer the Following Questions with the Given Words

1. 你们两个谁的汉语好？

______________________（……没有……）

2. 请你告诉我一下上课的时间。

______________________（从……到……）

3. 你习惯这里的生活了吗？

______________________（……上）

4. 这件衣服怎么样？

________________________（……，只是……）

5. 昨天你去哪儿了？

________________________（……那儿）

（三）组句 Construct Sentences

1. 轻松　这个工作　那个工作　那么　没有

____

2. 真有　说的　那么　你　吗　好

____

3. 小李　没有　跑得　小王　这么　快

____

4. 我　感冒　没有　有点儿　累　只是

____

5. 放在　书　我的　那儿　桌子　了

____

6. 学习上　适应　我　都　了

____

（四）课堂活动 Classroom Activities

请两位同学到前面，请大家比较他们的个头（stature）、身材（figure）、相貌（facial features）等，说出"……没有……那么"或"……没有……那么 adj."的句子。

五、排列顺序 Order the Sentences

1. A: 而且自然环境也很不错
   B: 我们这儿气候很好
   C: 欢迎你来旅游　________________

2. A: 听到这个消息
   B: 我非常高兴
   C: 我可以去中国学习汉语了　________________

3. A: 这样不容易生病
   B: 天气太干燥了
   C: 你要多喝水　________________

六、阅读理解 Reading Comprehension

我想租（zū，rent）一个房子在学校外面住。我看了两个房子，一个在学校附近，一个在郊区（jiāoqū，suburbs）。学校附近的房子一个月要 3 000 块钱，郊区的房子没有这么贵，但是离学校比较远。郊区的房子有两个房间，也比较干净；学校附近的房子没有那么大，也没有那么干净。但是如果住在郊区，从家到学校，需要坐一个小时的公共汽车，没有住在学校附近方便。最后，我决定还是住在学校附近吧。

1.“我”要做什么？（　　）

A. 找饭店　　B. 租房子　　C. 去郊区　　D. 去学校

2. 学校附近的房子有什么优点（advantage）？（　　）

A. 便宜　　B. 干净　　C. 去学校方便　　D. 房子大

七、根据偏旁，写出不同的汉字 Write down Different Characters According to the Following Chinese Character Components

冫：冷

________　________　________

日：明

________　________　________

目：眼

________　________　________

阝：阳

________　________　________

第四课

您愿意接受我的邀请吗

生　词　New Words

1	美丽	měilì	形	beautiful	美丽的景色
2	接受	jiēshòu	动	to accept	接受邀请
3	邀请	yāoqǐng	动、名	to invite, invitation	邀请朋友来
4	拒绝	jùjué	动	to refuse	拒绝他
5	哈	hā	叹	ha	哈哈
6	正式	zhèngshì	形	formal	正式邀请
7	恐怕	kǒngpà	副	afraid	恐怕他不能来
8	失望	shīwàng	动	to lose hope, to be disappointed	很失望
9	逃	táo	动	to run away, to skip (classes)	逃课
10	补	bǔ	动	to make up	补课
11	算数	suànshù	动	to keep one's words	说话算数
12	得	děi	动	have to, must	得去上课
13	免费	miǎnfèi	动	to free of charge	吃饭免费
14	准时	zhǔnshí	形	on time	准时到
15	保证	bǎozhèng	动	to promise	保证来上课

课　文　Text

（一）您愿意接受我的邀请吗？

王　明：美丽的玛丽小姐，明天是我的生日，非常希望您能来我家参加我的生日聚会，您愿意接受我的邀请吗？希望您不要拒绝。

玛　丽：哈哈，你今天说话怎么这么奇怪？

王　明：这样说话多正式呀。说真的，你明天能不能来呀？

玛　丽：明天什么时候？

王　明：明天下午。

玛　丽：恐怕我要让你失望了，我挺想去的，可是明天我有课，我们老师特别厉害，我不敢逃课呀。

王　明：你要是想来，就跟你们老师请假呀，没上的课我给你补。

玛　丽：说话算数啊，你一定得给我补课啊。

王　明：没问题，免费补课。明天下午两点，准时到我家，好不好？

玛　丽：我先试着跟老师请请假吧，不过我可不敢保证老师一定同意，要是老师不同意我就下课再去，你们等我一会儿。

生　词　New Words

16	抱歉	bàoqiàn	动	to apologize	真抱歉
17	做客	zuòkè	动	to be a guest	来我家做客
18	客厅	kètīng	名	living room	在客厅里
19	亲戚	qīnqi	名	relative	我的亲戚
20	正好	zhènghǎo	副	just right, just in time	你来得正好
21	表现	biǎoxiàn	动	to perform	表现一下儿
22	主意	zhǔyi	名	idea	好主意
23	棒	bàng	形	good (in oral language)	你的汉语真棒

课　文　Text

(二)让我介绍一下

玛　丽：　王明，生日快乐！

王　明：　谢谢！你终于来了！

玛　丽：　抱歉！我下了课就出发了，但是今天堵车堵得特别厉害，我应该早点儿出发的。

王　明：　没关系，早就知道你会迟到。你怎么还带这么多水果？

玛　丽：　到中国人家里做客不是都应该带点儿东西吗？

王　明：　你懂的还挺多的，不过来我们家不用客气。来，让我介绍一下儿，他们都是我的大学同学，这是我的美国朋友玛丽。

朋友们：　你好！欢迎，欢迎！

玛　丽：　你们好！（对王明）你的同学好热情啊。

王　明：　当然，平时他们都没有机会认识美国美女。

玛　丽：　谢谢！今天的聚会怎么安排呀？

王　明：　咱们先在客厅吃点儿水果，聊聊天儿，然后进厨房，每个人做一个菜，我爸爸妈妈去亲戚家了，正好有机会让大家好好儿表现一下儿。

玛　丽：　这个主意真棒。可是我不会做饭呀。

王　明：　没关系，那就请你帮我们洗菜吧。

注　释　Notes

一、怎么这么(Why...so...?)

(1)你今天说话怎么这么奇怪？

(2)今天怎么这么冷？

(3)你的房间怎么这么乱啊？

二、说真的(no kidding)

(1)说真的，你明天能不能来呀？

(2)说真的，我真不想参加考试。

（3）说真的，你喜欢他吗？

三、早就……（long since）

（1）我早就知道你会迟到。

（2）安娜早就来了。

（3）他的病早就好了。

四、不是……吗？（isn't it）

（1）到中国人家里做客不是都应该带点儿东西吗？

（2）你不是去北京了吗？

（3）你不是说今天休息吗？

五、要是……，就……（if）

（1）我要是有时间，就去参加聚会。

（2）你要是身体不舒服，就回去休息。

（3）你要是需要帮助，就给我打电话。

课文理解　Text Comprehension

一、根据课文（一）回答问题　Answer the Following Questions According to Text（一）

（1）王明邀请玛丽去干什么？什么时候去？

（2）玛丽觉得王明今天说话怎么样？

（3）玛丽明天下午有课，王明建议她怎么做？

（4）玛丽觉得老师会同意她请假吗？你觉得呢？

二、根据课文（二）回答问题　Answer the Following Questions According to Text（二）

（1）玛丽是准时到的王明家吗？为什么？

（2）玛丽去王明家为什么带水果？

（3）参加王明生日聚会的还有谁？

（4）今天的聚会谁做饭？

三、根据课文（一）填空　Fill in the Blanks According to Text（一）

明天是王明的生日，他______玛丽去他家______他的生日聚会。玛丽很______去，可是明天她有课，她不______逃课。王明建议她跟老师______，然后他再给玛丽______。玛丽决定还是先跟老师请假，______老师不同意，她就下课______去。

四、根据课文（二）填空　Fill in the Blanks According to Text（二）

玛丽去参加王明的生日聚会，但是她_____了，因为堵车堵得很______。玛丽去的时候带了一些______。王明的大学______也来王明家了，他们对玛丽很______。王明的爸爸妈妈去______家了，今天王明和他的朋友们要每个人做一个菜，可是玛丽______做饭，王明让她帮忙_______。

语　法　Grammar

一、能愿动词"应该""愿意"

肯定式　Affirmative Form

S + 应该／愿意 + VP

（1）学生　　应该　　努力学习。
（2）你　　应该　　帮助你的朋友。
（3）我　　愿意　　帮助我的朋友。
（4）我　　愿意　　去这家公司工作。

否定式　Negative Form

S + 不 + 应该／愿意 + VP

（1）他　　不　　应该　　跟妈妈生气。
（2）你　　不　　应该　　睡那么晚。

(3)我　　不　　愿意　　　　换座位。

(4)孩子　　________　　　　去上课。

错句　Wrong Sentences

*(1)我没愿意去看电影。

*(2)上课的时候我没应该说话。

总结　Summary

"应该"表示按照道理需要怎样做。否定句用"不应该"。"愿意"表示乐意做某事，是发自内心的，主动的意愿。否定句用"不愿意"。"应该"和"愿意"都可以单独回答问题。"愿意"多用于疑问句、否定句和答句。

"应该"is used to express "should do something by reason". "不应该" is used in negative form. "愿意"expresses willing to do something, which is the will from the bottom of heart. "不愿意"is used in negative form. "应该"and"愿意"can be used to answer the questions alone. "愿意"is usually used in interrogative sentences, negative sentences and answering sentences.

二、能愿动词"敢"　Modal Verb "敢"

S　+　不 + 敢　+　VP

(1)我　　不敢　　逃课。

(2)我　　不敢　　看让人害怕的电影。

(3)我不敢＿＿＿＿＿＿＿＿。

S	+	没+敢	+	VP

(1)　　　　　我　　没敢　　告诉他这件事。
(2)今天下雪，我　　没敢　　开车。
(3)因为要开车，我　　没敢　　喝酒。

S	+	敢	+	VP(+吗?)

(1)A:晚上你　　敢　　一个人出去吗?
　B:敢。
(2)A:你　　敢　　不听爸爸的话吗?
　B:＿＿＿＿。

总结　Summary

"敢"表示有勇气做某事。"敢"常用否定式"不敢"；表示过去发生的事情时，前面可以用"没"表示否定。肯定的"敢"只用在问话或答句中。"敢"可以单独回答问题。

"敢"means having the courage to do something. "不敢" is the negative form of "敢". When it is used to express what happened in the past, "没"can be used in front of it. The affirmative form "敢" is only used in question sentence or answer sentence. "敢"can be used to answer the question alone.

三、表示使令意义的兼语句　Pivotal Sentence Expressing the Meaning of Asking Somebody to Do Something

肯定式　Affirmative Form

S	+	V_1	+	兼语(jiānyǔ)	+	V_2P

(1)老师　　让　　我　　　　去办公室。

(2)我　　请　　他　　帮我一个忙。

(3)朋友　　叫　　我　　去看电影。

(4)她病了，医生＿＿＿＿＿＿。

否定式　Negative Form

S + 不/没 + V_1 + 兼语(jiānyǔ) + V_2P

(1)他	不	让	我	去看他。
(2)他	不	请	我	吃饭。
(3)他	没	请	我	看电影。
(4)老师	没	让	大卫	读课文。

错句　Wrong Sentences

*(1)老师让了我去办公室。

*(2)我请着他吃饭。

*(3)我的朋友让过我给他打电话。

总结　Summary

表示使令意义的兼语句的第一个动词是带使令意义的动词。如“请、让、叫”等。否定句在第一个动词前加“不”或“没”。兼语句的第一个动词后一般不能带“着、了、过”。

The first verb of a pivotal sentence which expresses the meaning of asking somebody to do something is often a causative verb, such like“请、让、叫”and so on.“不”and“没”can be used in front of the first verb in negative form. Generally“着、了、过”can not be used after the first verb.

综合练习　Comprehensive Exercise

一、语音练习　Pronunciation Exercise

（一）朗读后用汉字写出指定的词语　Write down the Pointed Characters after Reading Aloud

1.Tā shì yí ge měilì de nǚháir.

（　　）

2.Jīntiān tā yāoqǐng wǒ qù kàn diànyǐng，wǒ jùjué le.

（　　）　　（　　）

3.Kǒngpà tā jīntiān bú huì lái le.

（　　）

4.Kuài zǒu ba，yào chídào le.

（　　）

5.Zhè cì kǎoshì de chéngjì ràng wǒ hěn shīwàng.

（　　）

6.Wǒmen 8:30 shàngkè，qǐng nǐmen zhǔnshí dào jiàoshì.

（　　）

（二）朗读词组　Read Aloud the Phrases

应该写作业　　应该努力学习

愿意帮助他　　愿意接受邀请

不敢问　　不敢说话　　不敢自己去

请他来　　让他失望　　叫我打电话

二、语素练习　Morpheme Exercise

1. 望（wàng，hope）：失望　　希望

________望　________望

2. 情（qíng，feeling，love）：热情　　爱情

________情　________情

3. 时（shí，time）：准时　　平时

________时　________时

三、选词填空 Choose the Proper Words to Fill in the Blanks

接受　保证　免费　算数　正式

1. 他________明天一定不迟到。
2. 这家餐厅饮料________。
3. 你这样说话太________了，我不习惯。
4. 说话________，这本书送给我了，不能后悔。
5. 他________了朋友的邀请，来参加聚会。

欢迎　正好　机会　主意　请假

6. 我去找他的时候，他________出门。
7. 如果你不去上课，要跟老师________。
8. 我有一个去北京出差的________，可以去看你。
9. ________你们来中国。
10. 我有个好________，咱们自己做饭吧。

四、语法练习 Grammar Exercise

(一)替换练习 Substitution Drills

1. 要是 明天天气好 我们 就 去爬山。

你喜欢这本书	我	送给你
十分钟后他不来	我们	先走
需要帮助	你	给我打电话

2. 妈妈 让 我 去买东西。

老师	我们	休息一下
医生	我	吃药
朋友	他	帮一个忙

3. 妈妈　不让　孩子　乱吃东西。

妻子	丈夫	喝酒
他	我	用他的词典
孩子	妈妈	离开

4. 你　应该　认真写作业。

我们	关心别人
你	给妈妈打电话
我们	告诉安娜这件事

5. 我　愿意　跟她结婚。

他	为女朋友做任何（rènhé）事
我的朋友	借钱给我
他	帮助别人

（二）把下面所给的句子改成兼语句　Turn the Following Senteces into Pivotal Sentences

例如：老师说："你来办公室吧。"

老师让我去办公室。

1. 玛丽说："你给我打电话吧。"

____

2. 我的朋友说："我们一起吃饭吧，我付钱。"

____

3. 妈妈说："你去写作业吧。"

____

4. 老师说："迈克，你读一下这个句子。"

____

5. 安娜说："你跟我们一起去看电影吧。"

____

（三）用所给的词语回答问题　Answer the Following Questions with the Given Words

1. 那么晚了你一个人出去行吗？

______________________________（不敢）

2. 明天你要去北京吗？

____________________________（要是……就……）

3. 小王爱她的女朋友吗？

____________________________（愿意）

4. 你去哪儿？

____________________________（让）

5. 咱们几点出发？

____________________________（应该）

（四）组句　Construct Sentences

1. 愿意　我　房间　跟　你　换

____

2. 今天　怎么　你　高兴　这么

____

3. 今天　下雨　要　恐怕

____

4. 知道　事儿　这件　早　就　他

____

5. 去　不是　了　旅游　你　吗

____

（五）课堂活动　Classroom Activities

1. 老师让一个学生到前面做动作，请别的学生说出兼语句的句子。如，老师说：“迈克，请你到前面来。”别人说句子：老师让迈克到前面去。

2. 二人一组设计表示假设条件的对话，一个人问问题，另一个人用“要是……，就……”回答。如，一个人说：“你愿意借给我钱吗？”另一个人回答：“要是我有很多钱，我就借给你。”

五、排列顺序　Order the Sentences

1. A: 你从客厅的窗户往外看
   B: 就能看到那个公园儿
   C: 还能看到公园儿旁边的楼　________________________

2. A: 星期天还要加班

B: 我最近很忙

C: 你的生日聚会我恐怕不能去了 ____________________

3. A: 喝一杯咖啡

B: 早上起床后，听一听音乐

C: 可以让你一天的心情都很好 ____________________

六、阅读理解 Reading Comprehension

我很喜欢我们班的一个女同学，她叫玛丽。玛丽又漂亮又聪明，我多么喜欢她呀，为了她我愿意做任何（rènhé，any）事。可是玛丽还不知道我喜欢她。我的朋友说："要是你喜欢玛丽，就应该告诉她。"但是，我不敢跟玛丽说，因为我担心她拒绝我。我的朋友说："你可以请她看电影，要是她接受了你的邀请，就说明（shuōmíng，explain）她可能喜欢你。"

我打算周末试一试，玛丽呀，请你别让我失望。

1."我"为什么没有告诉玛丽"我"喜欢她？（　　）

A. 玛丽不漂亮　　B."我"不敢　　C. 玛丽不知道　　D. 玛丽拒绝了我

2. 这个周末"我"要做什么？（　　）

A. 邀请玛丽看电影　B. 跟玛丽一起吃饭　C. 告诉玛丽我喜欢她　D. 试衣服

七、根据偏旁，写出不同的汉字 Write down Different Characters According to the Following Chinese Character Components

冫：准

________ ________ ________

纟：绍

________ ________ ________

心：恐

________ ________ ________

讠：证

________ ________ ________

第五课

我们的生词学完了

生　词　New Words

1	小声	xiǎoshēng		whisper	小声说
2	遍	biàn	量	times	读一遍
3	清楚	qīngchu	形	clear	听清楚
4	大声	dàshēng		loud	请你大声一点儿
5	哦	ò	叹	oh	哦，明白了
6	比如	bǐrú	动	for example	
7	说明	shuōmíng	动	to explain, to illustrate	说明问题
8	留	liú	动	to give	留作业

课　文　Text

（一）我们的生词学完了

（课堂上）

老　师：　我们的生词学完了，同学们都听懂了吗？还有没有问题？

玛　丽（小声说）：　老师，“预习”这个词我没听懂，您能再讲一遍吗？

老　师：　你说什么？我没听清楚。

玛　丽（大声说）：　“预习”是什么意思，我没听懂。

老　师：　哦，“预习”就是在上课以前，自己先学习，比如今天我们学习第五课，昨天同学们就要先预习生词。玛丽，你预习了吗？

玛　丽：　我预习了，但是没预习完。

老　师：你会用了，就说明你听懂了。我昨天还留了作业，让大家预习第五课的语法，大卫，你预习了吗？

大　卫：没有。

老　师：为什么？

大　卫：因为你昨天留作业的时候我没听见。

生　词　New Words

9	日记	rìjì	名	diary	写日记
10	学期	xuéqī	名	semester	一个学期
11	然而	rán'ér	连	however, but	
12	来自	láizì	动	to come from	来自不同的国家
13	各	gè	代	each	世界各地
14	国籍	guójí	名	nationality	中国国籍
15	语言	yǔyán	名	language	学习语言
16	刚	gāng	副	just	刚来中国
17	鼓励	gǔlì	动	to encourage	鼓励朋友
18	耐心	nàixīn	名	patience	有耐心
19	过程	guòchéng	名	process	学习的过程
20	越来越	yuèláiyuè		more and more	越来越好
21	自信	zìxìn	形	confident	非常自信
22	仍然	réngrán	副	still	仍然不变
23	放弃	fàngqì	动	to give up	不要放弃
24	祝	zhù	动	to wish	祝你生日快乐
25	一切	yíqiè	代	all, everything	一切顺利
26	顺利	shùnlì	形	smoothly, successfully	非常顺利

课　文　Text

（二）我已经准备好了

（玛丽的日记）

我来中国已经快一个学期了，这里的学习很紧张，而且很辛苦，然而我却很喜欢这样的生活。在这里，我认识了很多朋友，他们来自世界各地，国籍、文化都不一样，大家一起学习同一种语言，特别有意思。刚来的时候，中国人说话我一点儿也听不懂，我很着急，朋友们经常鼓励我，老师也特别有耐心，他们告诉我，学好汉语是需要一个过程的。后来，我能听懂一些了，我也越来越自信了。虽然现在我的汉语仍然不太流利，但是我相信自己一定能学好汉语。我已经准备好了，我会一直努力，我不会放弃。祝我一切顺利！

注　释　Notes

一、您能……吗？（could you...?）

（1）您能再讲一遍吗？

（2）您能帮我一下吗？

（3）您能告诉我您的电话号码吗？

二、快……了（almost, nearly）

（1）我来中国已经快一个学期了。

（2）快 8:00 了，起床吧。

（3）快考试了，要努力学习。

（4）快放假了，你有什么打算吗？

三、一点儿也不……（not at all）

（1）这件事我一点儿也不知道。

（2）中国人说话我一点儿也听不懂。

（3）你一点儿也不胖。

四、……，然而却……（however）

（1）这里的学习很紧张也很辛苦，然而我却很喜欢。

（2）虽然我们是同学，然而却很少联系。

（3）虽然我们都在一个学校学习，然而我却不认识他。

五、越来越（more and more）

（1）我能听懂一些了，我也越来越自信了。

（2）天气越来越热了。

（3）我的汉语越来越好了。

课文理解　Text Comprehension

一、根据课文（一）回答问题　Answer the Following Questions According to Text（一）

（1）学习生词的时候谁有问题？有什么问题？

（2）“预习”这个词是什么意思？

（3）玛丽昨天预习生词了吗？

（4）昨天的作业是什么？大卫昨天做作业了吗？为什么？

二、根据课文（二）回答问题　Answer the Following Questions According to Text（二）

（1）玛丽来中国多长时间了？

（2）玛丽觉得这里的生活怎么样？

（3）刚来的时候玛丽的汉语怎么样？现在呢？

（4）你觉得玛丽自信吗？为什么？

三、根据课文（一）填空　Fill in the Blanks According to Text（一）

今天上课的时候学习____。生词学完了，可是玛丽没听懂“____”这个词，她请老师再讲一____。老师又讲了一遍，然后问玛丽，昨天有没有____生词。玛丽说，预习了，但是没预习____。老师觉得玛丽听____“预习”是什么意思了。昨天的作业是预习第五课的____。大卫没有预习，因为他没听____老师留作业。

四、根据课文（二）填空　Fill in the Blanks According to Text（二）

玛丽来中国____一个学期____，她很____这里的生活。她认识了很多朋友，他们来自世界____地，大家在一起学习很有意思。玛丽的老师都很有____，他们告诉玛丽，学习汉语需要一个______。现在玛丽越来越____了，她____自己一定能学好汉语，她已经准备____了。

语　法　Grammar

结果补语（一）　Complement of Result（一）

肯定式　Affirmative Form

S	+	V	+	见/懂/完/好	+	……

（1）我	预习	完	了。
（2）我	听	懂	了。
（3）我已经	准备	好	午饭了。
（4）我	听	______	小鸟在唱歌。

否定式　Negative Form

S	+	没（有）	+	V	+	见/懂/完/好	+	（O）

（1）我	没	写	完	作业。
（2）我	没	听	见	老师留作业。
（3）我	没有	听	懂	老师说的话。
（4）我们	没	商量	好	去北京的时间。

（5）A：午饭你们准备好了吗？

B：我们还没有准备________。

错句 Wrong Sentences

*（1）我听老师的话懂了。

*（2）我没写完作业了。

*（3）我不准备好午饭。

总结 Summary

句子中主要动词后带上别的动词或形容词，表示前面的动作完成后的结果，后面的动词或形容词叫作结果补语。常见的结果补语有“见、懂、完、好、清楚、干净”等。注意动词后有结果补语又有宾语时，宾语要放在结果补语的后边；否定形式中结果补语后不要带“了”。

When the key verb of a sentence is followed by other verbs or adjectives, which expresses the result of the verb ahead, the verbs and adjectives are called complement of result.“见、懂、完、好、清楚、干净”are some common result complements. Pay attention when a verb is followed by a result complement and an objective, the object should be put after the result complement.“了”can not be used in the negative form of result complement.

综合练习 Comprehensive Exercise

一、语音练习 Pronunciation Exercise

（一）朗读后用汉字写出指定的词语 Write down the Pointed Characters after Reading Aloud

1.Lǎoshī gǔlì wǒ yào nǔlì xuéxí.

（ ）

2.Tā zhàogù háizi hěn yǒu nàixīn.

( )

3.Tā xiàng lǎoshī shuōmíng tā chídào de yuányīn.

( )

4.Zhèlǐ de xuéshēng láizì shìjiè gèdì.

( )

5.Zhège xuéqī wǒmen de xuéxí hěn jǐnzhāng.

( )

6.Suīrán wǒ juéde xuéxí hěn nán,dànshì wǒ bù xiǎng fàngqì .

( )

(二)朗读词组 Read Aloud the Phrases

写完 没写完

听见 没听见

听懂 没听懂

做好 没做好

快考试了 快放假了

越来越好 越来越暖和

一点儿也不会说 一点儿也听不懂

二、语素练习 Morpheme Exercise

1. 心(xīn,heart,mind):耐心 关心

________心 ________心

2. 然(rán,like that):然而 仍然

然________ ________然

3. 自(zì,self,oneself):自信 自己

自________ 自________

三、选词填空 Choose the Proper Words to Fill in the Blanks

比如 国籍 祝 为什么 然而

1.________你生日快乐！

2. 我是美国人，你是中国人，咱们俩________不一样。

3. 你今天________不开心？

4. 我以为他今天会来，________他却没有来。

5. 他很喜欢运动，______游泳、跑步什么的，他都喜欢。

来自	各	一切	顺利	清楚

6. 请你再说一遍，我没听________。

7. 商店里有________种商品。

8. 这次旅行非常________，玩儿得很高兴。

9. 我在这里________都很好。

10. 这位同学________美国。

四、语法练习　Grammar Exercise

（一）替换练习　Substitution Drills

1. 我　写　完　作业　了。

他	吃	饭
我们	学	第四课
安娜	读	课文

2. 她　没　听　懂　老师的话。

我	看	朋友的信
玛丽	读	这篇课文
安娜	听	你的意思

3. 你　准备　好　了吗？

你们	商量
他们	休息
他	安排

4. 快 考试 了，我 不能玩儿 了。

睡觉	你	不能吃东西
上课	我	得快一点儿
用完	你	得节约一点儿

5. 这里的生活很辛苦， 然而 我却很喜欢。

这个房间很大	却不干净
他很聪明	却不努力
这件事他昨天同意了	今天却说不行

（二）选择合适的结果补语填空 Choose the Proper Complements of Result to Fill in the Blanks

见 懂 清楚 完 好

1. A：你听见我说的话了吗？

   B：对不起，刚才我跟别人说话，没听_____。

2. A：你听见我说的话了吗？

   B：你说话声音太小，我听见了，可是没听_____，请你大声一点儿。

3. A：你听见我说的话了吗？

   B：我听见了，可是你用的词太难，我没听_____。

4. 你应该跟朋友商量______明天几点见面。

5. 昨天我读_____了一本很厚的书。

（三）组句 Construct Sentences

1. 我 你 能 帮 忙 一个 吗

____

2. 关系 也 我们的 一点儿 不好

____

3. 我 能 懂 听 一点儿汉语 现在 了

____

4. 预习　　他　　没有　　生词　　完　　昨天

____

5. 这本书　　看　　你　　没有　　了　　懂

____

6. 呢　　我　　还没有　　饭　　好　　做

____

(四)课堂活动　Classroom Activities

老师先做示范，分别做两个动作，一个是没有结果的，另一个是有结果的，比如“准备”和“准备好”，边做边说出一个句子表示自己的动作的意思，并让学生重复。然后把学生分组，每四、五个学生一组，每一组由一个人做动作，其他人说句子。

五、排列顺序　Order the Sentences

1. A: 然而我却非常喜欢
   B: 学习汉语很难，很辛苦
   C: 我学习汉语快一年了　　______________________
2. A: 一个人来中国不容易
   B: 是我要解决的问题
   C: 怎样适应这里的生活　　______________________
3. A: 从这儿往前走 500 米
   B: 第一小学离这儿不远
   C: 右边有一座漂亮的小楼，那儿就是　　______________________

六、阅读理解　Reading Comprehension

吃完晚饭，我收拾好厨房的东西，出去散步。天气很好，我很高兴，但是我忘了戴眼镜，没关系的，散步不需要眼镜。前面站(zhàn，stand)着一个人，我没看见，撞(zhuàng，collide)在他身上，赶紧(gǎnjǐn，hurriedly)说：“对不起，对不起。”可是为什么这么疼呢？我仔细(zǐxì，carefully)看了一下，终于看清楚了，原来，这是一棵树。

★从这段话可以知道什么？(　　)

A.“我”不喜欢眼镜　　B.“我”撞(zhuàng，collide)了一个人

C.“我眼睛不好”　　D.“我”喜欢运动

七、根据偏旁，写出不同的汉字 Write down Different Characters According to the Following Chinese Character Components

囗：国

________ ________ ________

攵：放

________ ________ ________

灬：然

________ ________ ________

田：留

________ ________ ________

第六课

天津队赢得了吗

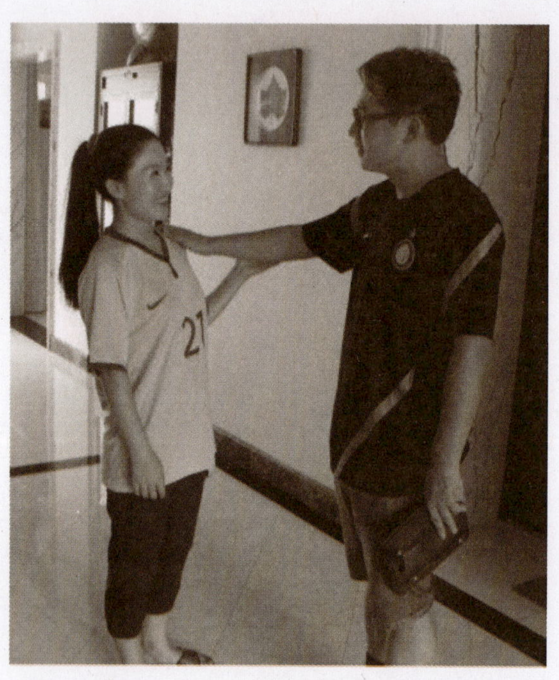

生　词　New Words

1	队	duì	名	team	天津队、中国队
2	记者	jìzhě	名	reporter, journalist	体育记者
3	弄	nòng	动	to get somebody something	弄点儿吃的、弄两张票

课　文　Text

(一)球票

(赵勇弄到了两张足球比赛的球票)

赵　勇：下午我们一起去看球赛吧，是天津队和上海队踢！

夏　红：什么？不是说票早就卖完了吗？

赵　勇：票那么贵，怎么可能卖得完！

夏　红：那我们也买不起呀。

赵　勇：我有个朋友是体育记者，他打电话说帮我弄到了两张打折票。

夏　红：真的吗？

赵　勇：当然不骗你。我现在就去朋友那儿，下午三点咱们准时出发。

生　词　New Words

4	体育场	tǐyùchǎng	名	stadium	去体育场看球赛
5	队员	duìyuán	名	player	队员们、天津队队员
6	赢	yíng	动	to win	比赛赢了
7	了	liǎo	动	used after a verb plus "得" or "不" to indicate "manage" or "finish"	赢得了、去不了、吃得了、吃不了
8	超	chāo	动	to transcend, to go beyond	超水平、超速
9	发挥	fāhuī	动	to give play to	发挥水平、发挥得不好
10	结束	jiéshù	动	to end, to finish	比赛结束了、考试结束了
11	力气	lìqi	名	strength	没有力气、力气很大
12	观众	guānzhòng	名	audience	各位观众
13	肯定	kěndìng	副、形	certainly, undoubtedly	明天肯定会下雨
14	加油	jiā yóu	离	Come on! (used to cheer somebody on)	天津队，加油！
15	支持	zhīchí	动	to support	支持他、支持天津队
16	这么	zhème	代	so..., ... like this	这么远、这么高
17	速度	sùdù	名	speed	速度很快
18	射门	shè mén		to shoot (at the goal)	射门——球进了！
19	动作	dòngzuò	名	action	动作很漂亮、动作电影

20	**激动**	jīdòng	形	excited	非常激动、激动极了
21	**永远**	yǒngyuǎn	副	always, forever	祝你永远年轻漂亮！
22	**发生**	fāshēng	动	to happen, to occur	发生事情、发生变化

课　文　Text

（二）天津队赢得了吗

夏　红：　这个体育场好大呀！

赵　勇：　是啊，能坐三万多人呢！我们坐得有点儿远，你看得清楚吗？

夏　红：　看得清楚……快看，队员们进场了！你觉得天津队赢得了吗？

赵　勇：　不好说呀。

夏　红：　以前总是赢不了上海，希望今天他们能超水平发挥。

赵　勇：　别说了，开始了！

（比赛快结束了，比分还是 0 比 0）

赵　勇：　都快结束了，怎么还进不了球哇！真急死人了！

夏　红：　我看他们已经没有力气了，都跑不动了。

赵　勇：　除了 5 号、9 号和 10 号以外，其他人都好像在散步一样。

夏　红：　他们这是要放弃了吗？……那边的观众在大叫什么，我一句也听不懂。

赵　勇：　肯定是上海话。我们也应该用天津话给队员们加油，支持他们。

夏　红：　这么远，他们听得见吗？

赵　勇：　一定听得见！……天津队，加油！……好机会！看 10 号速度多快，快点儿，再快点儿……射门！进了，动作真漂亮！

夏　红：　没想到真赢了，太让人激动了！最后一分钟啊，我以为赢不了呢。

赵　勇：　在足球的世界里，没有不可能！你永远不知道下一分钟会发生什么。

补充生词 Supplementary Words

1	提	tí	动	to carry, to lift	提得动
2	抱	bào	动	to hold or carry in the arms	抱着书包、抱不动
3	得	dé	动	to get, to obtain	得多少分、得100分
4	分	fēn	量	mark	得多少分、得100分

注 释 Notes

这么/那么 + adj. (express a relatively high or very high level which is generally fairly specific, visible, sensible or comparable, etc.)

(1)票那么贵，怎么可能卖得完！

(2)德国队员的个子都那么高哇！

(3)考试这么难，怎么准备呀？

(4)去年夏天那么凉快，今年怎么这么热？

课文理解 Text Comprehension

一、根据课文(一)回答问题 Answer the Following Questions According to Text(一)

(1)赵勇和夏红下午要去做什么？

(2)他们买到球票了吗？

(3)他们是怎么弄到球票的？

(4)球赛大概几点开始？

二、根据课文(二)回答问题 Answer the Following Questions According to Text(二)

(1)这个体育场怎么样？

(2)以前这两支球队哪个成绩更好？

(3)哪支球队赢了？

(4)你怎么理解“没有不可能”这句话？

三、根据课文(一)填空　Fill in the Blanks According to Text(一)

星期天，赵勇从朋友那儿________到了两张球票。他打算跟夏红一起去看________。这场比赛的票比较贵，他们________，不过这两张票是________的。下午三点他们________出发去朋友那儿拿票。

四、根据课文(二)填空　Fill in the Blanks According to Text(二)

这个________很大，能坐三万多人。以前天津队总是________上海，所以夏红和赵勇都很紧张。后来，队员们都没有________了，都跑不动了。于是他们大喊“天津队，________”。终于，在________一分钟，天津队进球了！

语　法　Grammar

一、可能补语(Complement of Possibility，CP)

V　+　得/不　+　adj.

表示动作能不能达到adj.这样的结果。This phrase indicates whether an action (verb) can achieve a result (adjective).

(1)我们坐得有点儿远，你看得清楚吗？

(2)要相信自己能学得好汉语。

(3)这件衣服太脏了，已经 __________。

V + 得/不 + 起

主要表示有没有足够的钱做某件事。This phrase indicates whether there is enough money to afford something.

（1）票这么贵，我们买不起。

（2）房子很贵，我租不起。

（3）这个宾馆太贵了，我们住不起。

（4）这手机太贵了，我们学生 ＿＿＿＿＿＿。

V + 得/不 + 了(liǎo)

表示能不能发生某件事、完成某事。This phrase indicates whether there is possibility that something can be done or completed.

(1)我们买打折票,花不了太多钱。

(2)你觉得中国队赢得了吗?

(3)怎么总进不了球哇?

(4)东西太多了,他一个人 ________。

V + 得/不 + 动

表示动作能不能使人或东西移动位置。This phrase indicates whether a person has the strength to move himself or something.

(1)我看他们已经没有力气了,都跑不动了。

(2)都逛了一天了，我已经累得走不动了。

(3)这个东西太重了，他 _______。

V + 得/不 + CR

(1)票这么贵，怎么可能卖得完！
(2)他说什么？我一句也听不懂。
(3)这么小的字，你看得见看不见？

(4)书这么多，她一个人 _________。

错句 Wrong Sentences

*(1)这种东西很危险，你带不了。

*(2)老师说得太快了，我不能听懂。

*(3)我现在听京剧不懂。

总结 Summary

可能补语表示主观、客观条件能否允许进行某种动作或实现某种结果。CP indicates whether the subjective or objective condition allows an action to carry on or to achieve a result.

二、除了……（以外），……

except...

except... 表示排除，常常和“都”一起用。It is usually used with “都” to express the meaning of “with the exception of” or “except”.

(1)除了 5 号、9 号和 10 号(以外)，其他人好像散步一样。

(2)除了星期天(以外)，我们每天都有课。

(3)我们班______林娜______，其他都是 __________。

besides...

besides...表示补充，常常和“也”“还”一起用。It is usually used with “也” or “还” to express the meaning of “in addition to” or “besides”.

(1)我们除了学习汉语(以外),还学习数理化 (maths, physics, chemistry)。

(2)夏红除了去过英国(以外),还去过法国、澳大利亚。

(3)夏红 ______ 喜欢足球以外,还______唱歌和武术。

综合练习 Comprehensive Exercise

一、语音练习 Pronunciation Exercise

(一)朗读后用汉字写出指定的词语 Write down the Pointed Characters after Reading Aloud

1.Wǒ yǒu ge péngyou shì tǐyù jìzhě.

( )

2.Tiānjīn duì yíng de liǎo ma?

(　)

3.Dōu kuài jiéshù le, zěnme hái jìn bù liǎo qiú a?

(　)

4.Nàbiān de guānzhòng zài dàjiào shénme?

(　)

5.Wǒmen yě yīnggāi zhīchí duìyuánmen.

(　)

6.Tài ràng rén jīdòng le!

(　)

(二)朗读词组　Read Aloud the Phrases

看得见	看不见	听得懂	听不懂
去得了	去不了	来得了	来不了
看得清楚	看不清楚	找得到	找不到
买得起	买不起	租得起	租不起
推得动	推不动	抱得动	抱不动

二、语素练习　Morpheme Exercise

1. 票(piào, ticket):球票　飞机票　火车票

________票　________票

2. 场(chǎng, a large open area):体育场　足球场　飞机场

________场　________场

3. 者(zhě, one who is..., -er):记者　作者　读者

________者　________者

4. 员(yuán, person, member, -er):队员　运动员　服务员

________员　________员

三、选词填空 Choose the Proper Words to Fill in the Blanks

力气	这么	速度	弄	肯定

1. 我已经 ______ 好饭了，你先吃吧。
2. 他的 ______ 很大，能搬得动很重的东西。
3. 你复习 ______ 长时间了，这次考试 ______ 没问题。
4. 现在火车的 ______ 非常快。

永远	支持	动作	赢	发生

5. 她跳舞的 ______ 很好看。
6. 这场比赛我们一定要 ______。
7. 祝你 ______ 年轻漂亮！
8. ______ 什么事了？这儿怎么这么多人？
9. 我们都喜欢看足球，但是我们 ______ 的球队不一样。

四、语法练习 Grammar Exercise

(一)替换练习 Substitution Drills

1. 作业太多， 写 不 完。

老师说得太快了	听	懂
离得太远	看	见
20个饺子	吃	完
电脑坏了	打	开

2. 票这么贵， 你 买 得起吗？

房租每个月2000块	租
飞机票很贵	买
这个手机6000多块	用
这个饭店每晚300块	住

3. A: 你 去 得了吗？ B: 我有事， 去 不了。

参加	我没有时间	参考
拿	我只有两只手	拿
穿	衣服太小了	穿
受	我太累了	受

4. 太累了， 他跑不动了。

风大大	骑
箱子很重	提
女朋友太胖了	抱
这辆车很重	推

5. 除了星期天以外，我们每天都有课。

迈克	别的同学	去了
爸爸	我们家	喜欢京剧
周末	我	没有时间
汉语	别的语言	不会

6. 除了汉语以外，我们 还 学习数理化。

美国	麦克	去过英国
汉语	弟弟	会说英语和日语
苹果	妹妹	喜欢西瓜和橘子
5班	李老师	教6班

（二）根据所给的词语，按要求造句 Make Sentence with the Given Words According to the Requirement

1. V+得/不+……

例如：一天 不可能学完100个词

我们一天学不完100个词。

(1)中文报纸　现在　不可能看懂

____

(2)考试很难　不可能得 100 分

____

(3)这个节目　他不知道可能不可能演好

____

(4)她力气很大　可能搬动这张桌子

____

(5)房子很贵　钱不够

____

2. 除了……以外,……都……

除了……以外,……也 / 还……

例如:迈克不去　同学们都去

除了迈克以外,同学们都去。

(1)玛丽和安娜是女同学　别的都是男同学

____

(2)星期五没有综合课　星期一到星期四有综合课

____

(3)同学们想休息　老师也想休息

____

(4)他会游泳　他也会踢足球

____

(5)这件事我做不了　别的事可以做

____

(三)完成句子　Complete the Sentences

1. 这么多书,你________________?

2. 这种水果只能在天津买到,别的地方________________。

3. 这么贵的酒店,我们________________。

4. 明天我有事,________________比赛。

5. ________________,你还有别的爱好吗?(除了……以外)

6. 我已经走了一天了，现在很累，________。

（四）组句　Construct Sentences

1. 完　这些书　得　我　看

____

2. 他　不　总是　接　住　球

____

3. 三碗米饭　吃　了（liǎo）　得　他　吗

____

4. 一个小时　这些作业　完　写　我们　不

____

5. 决定　这件事　了（liǎo）　你一个人　吗　得

____

（五）课堂活动　Classroom Activities

同学们一起安排一次旅行，进行对话。（要求尽量用上本课所学的语法结构。）

例如：A：周末我们一起去北京旅行吧。

B：周末我有事，可能去不了。

C：我们玩几天？

D：在北京住一天吧。宾馆可住不起，住青年旅社吧。

……

五、排列顺序　Order the Sentences

1. A: 预科班的留学生非常辛苦
   B: 还要学习数学、物理和化学
   C: 他们除了要学习汉语　________
2. A: 而是因为他们坚持到了最后一分钟
   B: 不是因为他们水平多么高
   C: 很多时候一个球队能够赢球　________
3. A: 每天他下班回家
   B: 第一件事就是打开电视看体育新闻
   C: 赵先生是一位超级球迷　________

六、阅读理解　Reading Comprehension

现在，看足球已经不只是男人的爱好了，女性球迷越来越多。她们跟男人们一样，在重要比赛的时候，为了支持自己喜欢的球队，可以不吃饭、不睡觉，赢的时候跟着自己的球队一起激动，输的时候一起流泪。有时候她们也会穿着喜欢的球队的衣服。不过，有很多女球迷其实看不懂足球，她们看足球只是看热闹，或者看那些帅气的球员。

1. 这段话主要在讲什么？（　　）

A. 球迷的特点　　B. 女性球迷

C. 足球比赛　　D. 男人和女人的不同

2. 下面哪个不是女性球迷的特点？（　　）

A. 感情丰富　　B. 喜欢帅哥　　C. 可能看不懂　　D. 很专业

七、根据偏旁，写出不同的汉字　Write down Different Characters According to the Following Chinese Character Components

讠：记

______　______　______

阝：除

______　______　______

⻊：踢

______　______　______

第七课

菜做得确实好

生　词　New Words

1	放	fàng	动	to put	放东西、放盐
2	擦	cā	动	to wipe	擦桌子、擦黑板
3	尝	cháng	动	to taste	尝味道、尝一尝
4	汤	tāng	名	soup	喝汤、一碗汤
5	味道	wèidào	名	flavor, taste	尝味道
6	够	gòu	形	enough (to reach a certain extent)	够吃、够用、够花
7	咸	xián	形	salty	咸菜
8	盐	yán	名	salt	放一点儿盐
9	口味	kǒuwèi	名	a person’s taste	口味轻、口味重

课　文　Text

（一）盐放少了吧

（赵勇的妻子夏红正在厨房准备饭菜，赵勇走了进来）

赵　勇：　客人们马上就要来了，菜都做好了吗？

夏　红：　还没有呢，你快帮帮我呀。桌子擦了吗？

赵　勇：　擦了。碗和筷子也都摆好了。

夏　红：　尝一下这个汤怎么样？

赵　勇：　味道不错，不过还不够咸，盐又放少了吧？

夏　红：　我口味轻，总是放得少。那好，再放点儿。

生　词　New Words

10	品尝	pǐncháng	动	to taste	品尝中国菜
11	饺子	jiǎozi	名	dumpling	吃饺子、一盘饺子
12	香	xiāng	形	savory, appetizing	味道真香
13	炒	chǎo	动	to stir-fry	炒菜、西红柿炒鸡蛋
14	光	guāng	副	only	光吃肉不吃菜
15	酸	suān	形	sour, tart	味道很酸
16	辣	là	形	spicy, hot, peppery	不吃辣的
17	顺便	shùnbiàn	副	conveniently (without much extra effort)	你回来的路上顺便帮我买一份饭
18	端	duān	动	to carry (hold something level with both hands)	端菜、端汤
19	汗	hàn	名	sweat	出汗、流汗
20	好处	hǎochu	名	benefit, advantage	对身体有好处
21	久	jiǔ	形	for a long time	好久不见
22	顿	dùn	量	a measure word for meal	一顿饭
23	剩	shèng	动	to be left, surplus	剩下、剩饭
24	老婆	lǎopo	名	wife	老婆辛苦了

25	确实	quèshí	副	really, indeed	北方的冬天确实很冷
26	任务	rènwù	名	task, job	保证完成任务、任务很重

课　文　Text

（二）菜做得确实好

（客人们正品尝着夏红做的美食）

张　海：　这饺子真香啊，这么大一盘子一会儿就吃完了。

赵　勇：　好吃就多吃点儿！还有很多呢。

王　然：　这个西红柿炒鸡蛋也做得很好。

夏　红：　谢谢，你们喜欢就好。别光吃呀，喝点儿饮料！

赵　勇：　张海，你的饮料喝完了，我再去拿点儿。

夏　红：　酸辣汤也做好了，你顺便端来吧。

（赵勇端来了一大碗酸辣汤）

赵　勇：　这个酸辣汤夏红做得比饭馆儿的还好呢，快尝尝吧。

王　然：　是不错，不过我喝着有点儿辣。

张　海：　辣点儿也好，喝完出点儿汗，对身体有好处。

王　然：　对，很久没吃过这么好的一顿饭了。谢谢你们！

夏　红：　哪里哪里。你们多吃点儿。最好别剩下。

（客人们吃完了，去了客厅，赵勇和夏红在收拾碗筷）

赵　勇：　老婆，今天的菜做得确实好。

夏　红：　那当然了。我今天一直在厨房里忙，累死了，厨房你来收拾吧。

赵　勇：　行，没问题。老婆的任务已经完成了，该我辛苦一下了，去陪客人聊天吧。

补充生词 Supplementary Words

1	甜	tián	形	sweet	味道很甜

注 释 Notes

(一)够 +adj.

够 +adj. indicating to achieve some standard or to express a high level. The construction "够……的" and "够……了" are often used.

(1)不过还不够咸。

(2)你还不够努力,所以没有进步。

(3)你已经够瘦了,不用减肥了。

(二)光:only, just

光:only, just (colloquial speech) used to restrict the range of some action or thing.

(1)别光吃啊,喝点儿饮料!

(2)很多小孩光吃肉,不吃菜。

(3)这个月光打电话就花了 200 多块。

课文理解 Text Comprehension

一、根据课文(一)回答问题 Answer the Following Questions According to Text(一)

(1)赵勇和夏红正在做什么?

(2)汤做得怎么样?

(3)为什么盐总是放得少?

二、根据课文(二)回答问题 Answer the Following Questions According to Text(二)

(1)夏红为客人们准备了什么饭菜?

(2)客人们喜欢她做的饭菜吗?

（3）张海为什么说“辣点儿好”？

（4）吃完饭后，夏红要做什么？赵勇呢？

三、根据课文（一）填空　Fill in the Blanks According to Text（一）

赵勇和夏红请客人们来家里做客，他们正在________准备饭菜。夏红让赵勇________一下酸辣汤怎么样，赵勇觉得________不错，但是不够________。夏红________轻，所以盐________放得少。

四、根据课文（二）填空　Fill in the Blanks According to Text（二）

客人们来了，他们很喜欢夏红做的菜，特别是________，一大盘子很快就吃完了。赵勇说夏红做的________比饭馆的还好呢。不过王然觉得有点儿________，她的丈夫张海说，辣点儿好，喝完出点儿________，对身体有________。饭后，赵勇在厨房________，让辛苦了一天的老婆休息一下，陪客人聊天儿。

语　法　Grammar

一、意念被动句　Notional Passive Sentence

	Something (receiver of an act)	＋	V	＋	CR	＋	（了）
（1）	菜都		做		好		了吗？
（2）	饭		吃		完		了。
（3）	作业		做		完		了。

上句式的否定式(Negative Form)为：

Something (receiver of an act)	＋	没	＋	V	＋	CR

（1）	生词	没	预习	完。
（2）	这本书	没	看	完。
（3）	衣服	没	穿	好。

Something(receiver of act)	+	V	+	得	+	adj.

（1）	这个西红柿炒鸡蛋	做	得	很好。
（2）	你的汉语	说	得	不错。

（3）　这张画　　画　得　怎么样？

总结　Summary

汉语中，很多句子的主语可以由动作的接受者（受事）来充当，用来说明“受事怎么样”。句中动词的后面常常有结果补语、趋向补语或者程度补语。

In Chinese, action receivers can serve as subjects in many sentences and these sentences are used to emphasize the description of the receivers. The verbs in these sentences are usually followed by complements of result, of direction or of degree.

二、“总是”“一直”

总是 always

有很多次，每次的情况都一样。This phrase indicates“on many occasions”, and the condition or state appearing each time is the same.

（1）我口味轻，盐总是放得少。

（2）他吃饭总是剩一点儿。

一直 always

一个动作或一个情况不停止、不改变。This phrase indicates that one action continues without interruption or one situation remains unchanged.

（1）我今天一直在厨房里忙，累死了。

（2）今天从上午到晚上一直下雨。

总结　Summary

“总是”强调“多次”，每次的情况都一样；“一直”强调动作或情况的持续不变。

“总是”emphasizes the meaning of“on many occasions”, and the condition or state appearing each time is the same. While“一直”emphasizes the meaning of“one certain action or condition” remaining unchanged within a certain period of time.

综合练习　Comprehensive Exercise

一、语音练习　Pronunciation Exercise

(一)朗读后用汉字写出指定的词语　Write down the Pointed Character after Reading Aloud

1.Zhuōzi cā le ma?

( )

2.Wèidào búcuò, búguò hái bú gòu xián.

( )

3.Bié guāng chī'a, hē diǎnr yǐnliào.

( )

4.Zhè jiǎozi zhēn xiāng a.

( ) ( )

5.Wǒ hē zhe yǒudiǎnr là.

( )

6.Jīntiān de cài zuò de quèshí hǎo.

( )

(二)朗读词组　Read Aloud the Phrases

酸的　甜的　苦的　辣的　咸的　味道

作业做完了　照片洗好了　护照找到了

手机摔坏了　课文读熟了　生词复习完了

歌唱得不错　汉语说得很流利　汉字写得很漂亮

二、语素练习　Morpheme Exercise

1. 子(zi, a noun suffix):桌子　筷子　盘子

________子　________子

2. 馆(guǎn, indoor facilities):饭馆　图书馆　茶馆

________馆　________馆

3. 老（lǎo，a noun prefix to indicate respect or familiarity）：老师　　老板　　老婆

老______　老______

三、选词填空　Choose the Proper Words to Fill in the Blanks

味道　甜　咸　香　酸

1. 这个菜的盐放多了，太______了。
2. 快尝尝这鱼的______怎么样。
3. 炒什么菜啊？好______呀！
4. 这瓶牛奶已经放了好长时间了，都变______了。
5. 他买的西瓜又大又______，好吃极了。

够　光　顿　确实　任务

6. 一天最好吃三______饭。
7. 今天真______冷的，已经零下一度了。
8. 我们保证完成______。
9. 学习汉语不能______说不写，也不能______写不说。
10. 这个电影我看过三遍了，不过______看不懂。

四、语法练习　Grammar Exercise

（一）替换练习　Substitution Drills

1. 桌子　擦了　吗？

作业	写完了
护照	带了
生词	学完了
行李	准备好了

2. 这个菜　　　做得很好吃。

玛丽的汉字	写得非常漂亮
迈克的汉语	说得很流利
夏红的厨房	打扫得很干净
皮鞋	擦得不够亮

3. 我今天　一直　　在厨房里忙。

安娜学习	很认真
昨天晚上	下雨
玛丽这个月	在减肥
爸爸	不知道这件事

4. 盐　　　总是　　　放得少。

冬天时人们	感冒
上午的课迈克	迟到
玛丽考试	第一名
她不高兴时	喜欢出去散步

5. 饮料　　　他没　　　喝完。

街道	打扫干净
这个中文电影	看懂
这次考试	考好
上星期的聚会	参加

6. 考试　　准备得　怎么样了？

菜	做得
生词	预习得
钢琴	练习得
球票	卖得

（二）用意念被动句提问　Ask Questions with Notional Passive Sentences

例如：女朋友想知道你买没买电影票，她可以问：

电影票买好了吗？

1. 老师想知道你复习没复习课文，她可以问：

____

2. 妈妈想知道你收拾没收拾客厅，她可以问：

____

3. 你想知道妈妈做没做好饭，你可以问：

____

4. 夏红想知道丈夫看没看完这本书，她可以问：

____

5. 妈妈想知道爸爸下班后买鸡蛋了没有，她可以问：

____

（三）完成句子　Complete the Sentences

1. 考试时，迈克 ______________。（总是）
2. 早上妈妈 ______________，可是我忘了带手机。（一直）
3. 昨晚的聚会 ______________？玩得怎么样？
4. 作业 ______________？要不要休息一下？
5. 这个电影 ______________？觉得怎么样？
6. 昨天 ______________，所以我们没去公园。（一直）

（四）组句　Construct Sentences

1. 说　不太　他的汉语　得　流利

____

2. 表演　这个　得　特别　节目　精彩

____

3. 够　的　衣服　得　干净　洗

____

4. 小猫　得　可爱　那只　画　真

____

5. 挺　　听力　　不错　　得　　考

____

(五)课堂活动　Classroom Activities

同学们分成若干组进行一次大扫除，合作分工打扫教室。打扫完毕以后，老师检查打扫结果，由各组组长向老师汇报，其他组的同学对他们的劳动结果进行评价。(要求尽量用上本课学习的语言结构，如"窗户擦得很亮""地擦得真干净""桌椅摆得不太整齐"……)

五、排列顺序　Order the Sentences

1. A: 会议时间改到 3 点，地点不变
   B: 大家注意一下，刚才接到通知
   C: 还是在第二会议室　　________________
2. A: 参加讨论的时候
   B: 也要认真听别人的意见，理解他人的想法
   C: 不能光表达自己的看法　　________________
3. A:《北京爱情故事》，2 月 14 日与您相约
   B: 那么，再来看一场爱情电影吧
   C: 是不是觉得情人节光送巧克力还不够浪漫　　________________

六、阅读理解　Reading Comprehension

吃中餐

昨天中午，夏老师和许老师带着玛丽、大卫和亚当去了学校附近的一家中餐馆。这家餐馆虽然不大，但是环境很好，服务员也都很热情。以前玛丽和大卫也去过这家饭馆儿，可总是吃西红柿炒鸡蛋、鱼香肉丝、辣子鸡丁等家常菜，其实，他们一直想换换口味，但是菜单上的很多汉字都没学过，有些认识的汉字也不明白什么意思，更不知道那个菜的味道怎么样，他们习惯不习惯。所以，夏老师和许老师带着学生们一起去了那家饭馆儿。许老师点的菜他们都很爱吃，特别是饺子，两大盘子都吃完了，其他饭菜也没剩下，这顿午餐吃得真舒服！

1. 关于这家饭馆儿，下面哪个不正确？(　　)
   A. 菜很好吃　　B. 很贵　　C. 比较小　　D. 服务很好
2. 学生们为什么让老师带他们去吃饭？(　　)
   A. 想请老师吃饭　　B. 老师很热情　　C. 想尝尝其他菜　　D. 没去过那家饭馆儿

七、根据偏旁,写出不同的汉字 Write down Different Characters According to the Following Chinese Character Components

⺌:尝

__________ __________ __________

氵:汤

__________ __________ __________

饣:饺

__________ __________ __________

第八课

爬长城

生　词　New Words

1	爬	pá	动	to climb	爬山、爬长城
2	师傅	shīfu	名	a way to address a driver	王师傅、张师傅
3	着	zháo	动	used after a verb to indicate having reached a goal or got the result	找着、睡着
4	停	tíng	动	to stop	车停了、船停了
5	慢	màn	形	slow	慢走、说得很慢
6	司机	sījī	名	driver	司机师傅
7	交通	jiāotōng	名	traffic	交通方便
8	估计	gūjì	动	to estimate	估计20分钟能到
9	小时	xiǎoshí	名	hour	两个小时、一个半小时

10	长城	Chángchéng	名	the Great Wall	爬长城
11	旁边	pángbiān	名	side	银行旁边
12	窗户	chuānghu	名	window	打开窗户、关上窗户
13	八达岭	Bādálǐng	专名	a particular section of the Great Wall that is a favorite tourist destination	

课　文　Text

（一）你的照相机找到了没有

（星期六早上，学校安排了几辆车，组织学生们去八达岭爬长城）

夏老师：　同学们，快上车！检查一下，护照都带上了吗？

（同学们都上了车。）

夏老师（对司机师傅）：　师傅，开车吧。

（山本突然发现瑞克在找东西）

山　本：　瑞克，你在找什么？

瑞　克：　我的照相机不见了。你看到了吗？

山　本：　别着急，慢慢找，一定丢不了。

（过了一会儿）

山　本：　瑞克，你的照相机找到了没有？

瑞　克：　找到了！谢天谢地！

莱　曼：　声音小一点儿，没看到有的同学都睡着了吗？

（车开了一段时间，停住了）

山　本：　司机师傅，现在到哪儿了？

师　傅：　现在还没进北京呢，估计得两个小时以后才能到长城。开不动啊，你看堵车堵得多厉害！城市交通是个大问题呀。

瑞　克（对旁边的山本）：　我们睡一会儿吧。

山　本：　关上窗户吧，空调已经打开了。

生　词　New Words

14	非	fēi	动	to be not	不到长城非好汉
15	好汉	hǎohàn	名	hero, brave man	不到长城非好汉
16	醒	xǐng	动	to awake	睡醒了、叫醒
17	外	wài	名	outside	外边、门外
18	必须	bìxū	副	must, have to	必须写完作业
19	入口	rùkǒu	名	entrance	在入口集合
20	集合	jíhé	动	to assemble	集合时间、在入口集合
21	安全	ānquán	形、名	safe, safety	注意安全
22	按时	ànshí	副	on time	按时上课、按时睡觉
23	实在	shízài	副	really	我实在跑不动了
24	美	měi	形	beautiful	风景很美
25	照	zhào	动	to take a photograph	照了很多照片
26	伟大	wěidà	形	great, grand	长城真伟大
27	古代	gǔdài	名	ancient time	古代汉语、古代文化
28	高级	gāojí	形	high-quality, high-grade	高级手机、高级车
29	工具	gōngjù	名	tool	工具书
30	修	xiū	动	to repair, to build	修长城、修车

课　文　Text

（二）不到长城非好汉

（车终于开到了长城。）

山　本：瑞克，快醒醒，我们已经到了！

夏老师：同学们，外边比较冷，风也很大，都穿上外衣吧。记住，我们有三个小时的时间爬长城，四点半必须回到这个入口集合。大家一定要注意安全，按时回来。

（同学们在爬长城）

瑞　克：长城的风景实在太美了！莱曼，你给我照张相，照上“不到长城非好汉”这几个字。

莱　曼：好，你站住，别动。

瑞　克：照上了吗？

莱　曼：放心吧，照上了！

山　本：长城真伟大，你说，古代中国人没有什么高级的工具，他们得修多长时间哪？好累呀，我已经走不动了，我要休息一下儿。

瑞　克：这才爬了一半你就累了。你平时锻炼得太少了。

莱　曼：加油，山本！

注　释　Notes

（一）谢天谢地！（Thank goodness!）

（1）谢天谢地，这次考试我通过了！

（2）车撞坏了没关系，人没事儿就谢天谢地了！

（二）得（děi）

得（děi）is commonly used in colloquial way to express obligation or necessity to do something, the negative form is“不用”or“不要”.

（1）估计得等一个小时以后才能开到长城。

（2）我要去美国旅行，得去换点儿美元。

（3）遇到问题得跟父母商量商量。

课文理解　Text Comprehension

一、根据课文(一)回答问题　Answer the Following Questions According to Text(一)

(1) 星期六早上同学们要去哪儿?

(2) 瑞克在车上找什么? 找到了没有?

(3) 大概要开多长时间车才能到长城?

(4) 为什么车开得这么慢?

二、根据课文(二)回答问题　Answer the Following Questions According to Text(二)

(1) 同学们有多长时间爬长城?

(2) 同学们大概几点到了长城?

(3) 瑞克照相要照什么?

(4) 谁爬得比较慢? 为什么?

三、根据课文(一)填空　Fill in the Blanks According to Text(一)

星期六早上,学校组织学生们一起去八达岭爬________。上车出发前,夏老师让同学们________带没带护照。路上,瑞克发现他的________不见了,很着急,不过后来他找________了。还没进北京,路上就________了,司机师傅________得两个小时才能到。山本和瑞克就关上________睡觉了。

四、根据课文(二)填空　Fill in the Blanks According to Text(二)

到长城以后,夏老师告诉同学们要穿上________,因为风很大。她还要求同学们四点半必须回到入口________。同学们看到长城的________实在太美了,都很高兴。瑞克看到了"不到长城非好汉"这几个字,就在它前面________。山本觉得长城真________,他爬了一半就觉得累了。

语 法 Grammar

结果补语（2） Complement of Result (2)

V+CR(上 / 开 / 到 / 着 / 住)

1. 上

As a complement of result, "上" indicates "something is added to some place, separate things are joined together or an action has achieved a result or a goal".

V + 上	没 + V + 上

（1）护照都带上了吗？

（2）关上窗户吧。

（3）穿上外衣吧。

(4)照上“不到长城非好汉”这几个字。

2. 开

As a complement of result, “开” indicates “something closed to open through the action”.

V + 开

没 + V + 开

(1)空调已经打开了。

(2)他开开窗户了。

(3)请同学们打开书。

（4）她没睁开眼睛。

3. 到

As a complement of result, “到” indicates “an action achieves a goal, a person or thing reaches a certain place, or an action continues till a certain time”.

V ＋ 到

没 ＋ V ＋ 到

（1）你看到了吗？

（2）找到了没有？

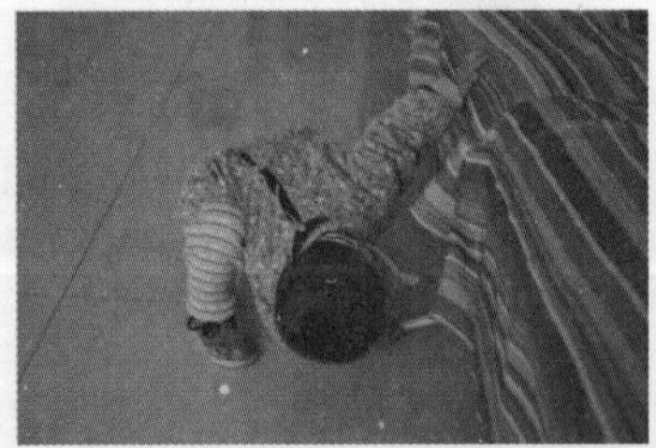

(3)大卫已经回到宿舍了。

(4)每天晚上玛丽都学习到十一点半。

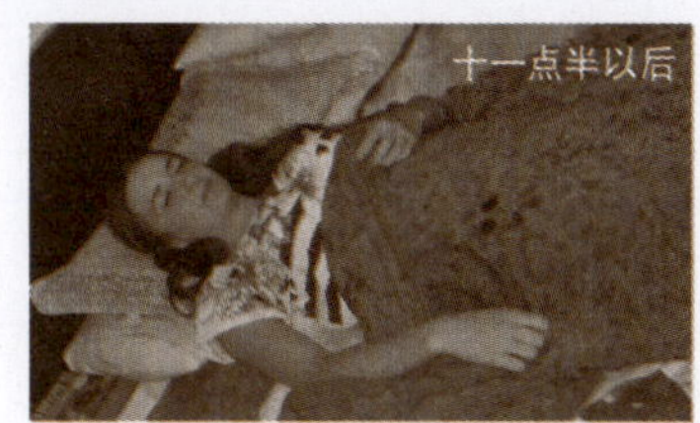

4. 着(zháo)

As a complement of result, “着” indicates “the certain goal or result is achieved or realized through the action.”

V + 着

没 + V + 着

(1)有的同学已经睡着了。

(2)我没买着火车票。

车次	出发站 到达站	出发时间 到达时间	历时	商务座	特等座	一等座	二等座	高级软卧	软卧	硬卧	软座	硬座	无座	其他	备注
K594	芜湖 西安	14:52 10:23	19:31 次日到达	--	--	--	--	--	*	*	--	*	*	--	1月5日 18点起售
1154	芜湖 西安	16:48 09:38	16:50 次日到达	--	--	--	--	--	*	*	--	*	*	--	1月5日 18点起售
L594	芜湖 西安	18:59 14:27	19:28 次日到达	--	--	--	--	--	--	无	--	无	无	--	预订
K466	芜湖 西安	20:32 14:33	18:01 次日到达	--	--	--	--	--	*	*	--	*	*	--	1月5日 18点起售

(3)你借着自行车了吗?

(4)手机找着了吗?

5. 住

As a complement of result, "住" indicates "to make somebody or something fixed or stay at a certain place."

V + 住	没 + V + 住

(1)车停住了。

(2)你站住,别动。

(3)他没记住歌词。

(4)接住这个球。

错句　Wrong Sentences

*(1)他找了到。(应该说:他找到了。)

*(2)请同学们打书开。(应该说:请同学们打开书。)

总结　Summary

动词和结果补语(CR)中间不能插入其他成分,如"了"或宾语,他们都要放在CR后。

The verb and the complement of result are closely linked to each other and no element can be inserted between them, such as "了" or object, which should be put after the CR.

综合练习　Comprehensive Exercise

一、语音练习　Pronunciation Exercise

(一)朗读后用汉字写出指定的词语　Write down the Pointed Character after Reading Aloud

1.Sījī shīfu, xiànzài dào nǎr le?

(　　)

2.Gūjì děi liǎng gè xiǎoshí yǐhòu cái néng dào Chángchéng.

(　　)　　　　(　　)

3.Chéngshì jiāotōng shì ge dà wèntí.

(　　)

4.Dàjiā yídìng yào zhùyì ānquán, ànshí huílai.

(　　)(　　)

5.Gǔdài Zhōngguó rén méiyǒu shénme gāojí de gōngjù.

(　　)(　　)

（二）朗读词组　Read Aloud the Phrases

合上书	关上窗户	带上护照
开开灯	打开空调	睁开眼睛
买到票	看到飞机	找到照相机
睡着了	买着了	借着了
记住生词	拿住杯子	抱住大树

二、语素练习　Morpheme Exercise

1. 机（jī，machine）：照相机　洗衣机　手机

　　________机　________机

2. 同（tóng，same，together）：同学　同胞　同事

　　同________　同________

3. 外（wài，outside）：外衣　外边　外国

　　外________　外________

4. 具（jù，tool，utensil）：工具　玩具　餐具

　　________具　________具

三、选词填空　Choose the Proper Words to Fill in the Blanks

到　着　上　开　住

1. 他在书的第一页 (yè) 写 _______ 了自己的名字。
2. 天气太热了，您能打 _______ 窗户吗？
3. 孩子们都睡 _______ 了。
4. 电梯上 _______ 第十层了。
5. 你记 _______ 他的地址了吗？

估计　醒　按时　实在　高级

6. 医生要求我 _______ 吃药。
7. 今天早上我 _______ 得很早。
8. _______ 不好意思，让你久等了。

9. 张老师 _______ 这个语法要三节课才能讲完。

10. 他用的苹果手机真 _______，我真羡慕。

四、语法练习 Grammar Exercise

（一）替换练习 Substitution Drills

1. 同学们 来 到 长城 了。

师傅	开	天津大学
爷爷	走	公园
孩子	跑	他朋友家
大卫	骑	图书馆

2. 我 没 看 到 你的照相机。

买	足球票
找	那个导游
遇	这种问题
借	英汉词典

3. 第八课的生词 记 住了。

那辆公共汽车	停
篮球	接
门窗	关
杯子	拿

4. 皮鞋 穿 上 了吗？

帽子	戴
电脑	关
书	合
名字	写

5. 第八课　我还没　学　完。

这本书	看
这杯饮料	喝
飞机票	买
这个月的奖学金	用

6. 我要　做　好　这件事。

准备	明天的听写
安排	自己的时间
翻译	这个句子
收拾	厨房

（二）改错句　Correct the Sentences

例如：我一定学汉语好。

应改为：我一定学好汉语。

1. 昨天晚上我不找到小王。

____

2. 大家都打了开书。

____

3. 孩子们都睡了着了。

____

4. 老师已经讲了到第八课。

____

5. 她穿上着一条漂亮的裙子。

____

（三）完成句子（请用结果补语）　Complete the Sentences with Given Words and Proper Complements of Result

1. 我有点儿冷，您能 ____________？（关）

2. 钱包怎么不见了？我找了半天也没 ________。

3. 老师说的话我听 ________ 了，可是没有听 ________。

4. 她太累了，一会儿就 ______________。（睡）

5. 开不动了，前面的车都 ______________。（停）

6. 对不起，刚才没听 ________ 你的电话。

（四）组句　Construct Sentences

1. 那个窗户　完　已经　他　擦　了

____

2. 到　入口　先　你们　回

____

3. 应该　完　吃　你　这碗饭

____

4. 听　问题　懂　没　老师的　我

____

5. 到　第八课　了　我们　学

____

（五）课堂活动　Classroom Activities

我说你做　I say, you do

两人一组，其中一个对另一个发出指令（要求尽量用学过的语法），另一个同学按照同伴的指令做（例如：穿上衣服、关上灯、走到老师那儿、打开窗户等），然后互换角色，速度加快，反复练习。

五、排列顺序　Order the Sentences

1. A: 给小孩子打针时
   B: 有经验的护士都知道
   C: 得想办法引开孩子的注意力　______________________________

2. A: 让阳光和新鲜的空气进入房间
   B: 可以让您的心情变得更好
   C: 早上起床后，打开窗户　______________________________

3. A: 看着照片上一张张熟悉的笑脸
   B: 回到了过去那段幸福的日子
   C: 她好像又回到了校园　______________________________

六、阅读理解　Reading Comprehension

爬长城以后……

爬完长城以后，同学们都很高兴，有的同学都不愿意回来上课了。一个星期以后，瑞克照相机里的照片终于洗好了！同学们一起来到瑞克的宿舍，看到每张照片都照得很漂亮，还有的照得很有意思。比如这张全班的照片，不但照上了长城美丽的风景，而且照上了“不到长城非好汉”这几个字。再看这张杰夫和保罗的照片，除了他们自己以外，他们的头上还有马克的两只手，好像他们都长了一对大耳朵一样。马克这个幽默的人，不知道什么时候跑到同学们后面了。还有这些同学们和老师们在车上睡着的照片，每个人的样子都很好玩，大家看了都哈哈大笑。瑞克说这些不是他照的，那会是谁照的呢？

1. 从长城回来以后，同学们没做什么？（　　）

A. 看照片　　B. 洗照片　　C. 上课　　D. 放假

2. 同学们和老师们睡着的照片是谁照的？（　　）

A. 瑞克　　B. 老师　　C. 不知道　　D. 马克

七、根据偏旁，写出不同的汉字　Write down Different Characters According to the Following Chinese Character Components

木：机

________　________　________

灬：照

________　________　________

目：睡

________　________　________

第九课

面试

生　词　New Words

1	面试	miànshì	名、动	interview	参加面试
2	首先	shǒuxiān	副	firstly	首先介绍一下自己
3	本来	běnlái	副	originally	本来不知道，现在听说了
4	法律	fǎlǜ	名	law	法律专业
5	当	dāng	动	to serve or act as, to be	当老师、当医生
6	律师	lǜshī	名	lawyer	当律师
7	改变	gǎibiàn	动	to change	改变主意、改变习惯
8	经济	jīngjì	名	economy	中国的经济
9	专业	zhuānyè	名	major	学习什么专业
10	普通话	pǔtōnghuà	名	mandarin	会说普通话

11	标准	biāozhǔn	形、名	standard	发音很标准、动作很标准
12	自然	zìrán	副	naturally	多听几遍自然就会说了
13	招聘	zhāopìn	动	to recruit	招聘老师、招聘服务员
14	消息	xiāoxi	名	news, information	一条消息、激动人心的消息
15	通过	tōngguò	介、动	by, through	通过妹妹认识他
16	网站	wǎngzhàn	名	website	打开网站、公司的网站
17	经验	jīngyàn	名	experience	工作经验、介绍经验
18	年级	niánjí	名	grade	一年级、二年级

课 文 Text

（一）欢迎参加面试

（乔治看到了公司在网站上招聘的消息，就参加了面试）

刘经理： 你好，请坐，欢迎参加面试。首先，请你做个简单的自我介绍。

乔 治： 您好，我叫乔治，今年26岁。我是2010年大学毕业的。本来我是学法律的，想当律师。后来我改变了主意，2011年读的经济学专业硕士。

刘经理： 你的汉语说得真流利，是在哪儿学的？

乔 治： 我在中国生活了很多年了，而且，我女朋友是中国人，普通话非常标准，我经常跟她练习，说得自然就比较流利了。

刘经理： 我们公司招聘的消息你是怎么知道的？

乔 治： 我是通过贵公司的网站知道的。

刘经理： 你以前有什么工作经验吗？

乔 治： 大学四年级的时候，我当过英语老师……

生 词 New Words

19	提前	tíqián	动	to do something in advance or ahead of time	会议时间提前了
20	通知	tōngzhī	动、名	to notify, notice	通知学生、看通知

21	占线	zhàn xiàn	离	busy (telephone line)	电话占线、手机占线
22	短信	duǎnxìn	名	SMS, text message	发短信、一条短信
23	去年	qùnián	名	last year	去年来中国
24	底	dǐ	名	bottom, end	年底、月底
25	喜事	xǐshì	名	happy event (specifically refers to wedding)	他们家最近有喜事
26	声	shēng	量	a measure word for sound	说一声、告诉一声
27	父母	fùmǔ	名	parents	关心父母
28	请客	qǐng kè	离	to treat somebody	请客吃饭

课　文　Text

（二）你是什么时候到的

（夏红和林芳是大学同学，她们多年不见。林芳从上海来到了天津）

夏　红：你是什么时候到的？怎么不提前通知我呢？

林　芳：我是昨天晚上到的。我打电话了，你电话一直占线。

夏　红：那也应该给我发个短信呀。你一个人来的吗？

林　芳：不是，跟我丈夫一起来的。

夏　红：什么，你结婚了？

林　芳：对，是去年年底结的。

夏　红：这么大的喜事你也没告诉我一声，真不够意思！

林　芳：现在告诉你也不晚哪。

夏　红：对了，你们这次是来旅游的吗？

林　芳：　不是，我丈夫来出差，我陪他顺便看看他的父母。

夏　红：　你们打算在这儿住几天？

林　芳：　住三天。

夏　红：　太短了！今晚有时间吗？我请客，我们好好聊一聊。

林　芳：　好主意！我们去哪儿啊？

夏　红：　还是我们以前经常去的“津味食屋”吧，和你丈夫一起来呀。

注　释　Notes

一、本来(originally, or formerly)

(1)本来我是学法律的，后来改学经济了。

(2)这儿本来是教学楼，现在变成了食堂。

(3)我本来不想去的，他一直邀请，我就答应了。

二、够意思

够意思 is a colloquial way to indicate being able to put one’s most into friendship, or being a true friend. 不够意思 is the way to express not being a friend indeed.

(1)这么大的喜事你也没告诉我一声，真不够意思！

(2)每次有困难时你都帮我，真够意思！

(3)我每次请你都不来，太不够意思了吧！

课文理解　Text Comprehension

一、根据课文(一)回答问题　Answer the Following Questions According to Text(一)

(1)乔治今天做什么了？

(2)乔治的硕士专业是什么？

(3)乔治为什么汉语说得这么流利？

(4)乔治有什么工作经验？

二、根据课文(二)回答问题　Answer the Following Questions According to Text(二)

(1)林芳什么时候到的天津?

(2)林芳什么时候结的婚?

(3)夏红和林芳是什么关系?

(4)她们今天晚上打算做什么?

三、根据课文(一)填空　Fill in the Blanks According to Text(一)

乔治在网上看到了××公司 ______ 的消息,就去参加了 ______。公司的刘经理让他 ______ 做一个自我介绍。乔治告诉刘经理自己 ______ 的专业是法律,后来 ______ 了主意,又读了 ______ 学硕士专业。他的 ______ 非常流利,因为他女朋友就是中国人。乔治也有一些工作 ______,在大学四年级时,______ 过英语老师。

四、根据课文(二)填空　Fill in the Blanks According to Text(二)

林芳是昨天晚上到的天津。她给夏红打了电话,但是 ______。林芳是跟他的 ______ 一起来的。夏红还不知道林芳已经 ______ 了,她是去年 ______ 结的婚。这次他们不是来旅游的,林芳的丈夫来天津 ______,林芳顺便陪他看看 ______。今天晚上,夏红请他们夫妻一起吃饭、聊天。

语　法　Grammar

表示强调:"是……的"

The structure "是……的" may be used to emphasize particularly the time, location or manner of a completed action.

肯定式　Affirmative Form

1. Emphasizing the TIME When the Action Took Place

(是) + TIME + V + 的

(1)他们(是)2013 毕业的。

(2)大卫(是)昨天下午回来的。

(3)他们(是)2014 年年底结的婚。

2. Emphasizing the Location Where the Action Took Place

(是) + LOCATION + V + 的

(1)我们的汉语(是)在天津大学学的。

(2)林芳和夏红(是)在英国认识的。

(3)她的丈夫(是)从美国来的。

3. Emphasizing the Manner in Which the Action Was Carried Out

(是) + MANNER/WAY + V + 的

(1)我(是)通过贵公司的网站知道的。

(2)刘经理(是)跟朋友们一起去的长城。

(3)林芳(是)坐火车来的天津。

否定式　Negative Form

不是 + …… + V + 的

(1)大卫不是今天早上到的。

(2)林芳和夏红不是在天津认识的。

(3)林芳不是一个人来的天津。

错句 Wrong Sentences

*（1）我们不坐车来的。

*（2）我们是去年九月开始学习了汉语的。

*（3）同学们是下个星期去长城的。

总结 Summary

在已经知道事情发生的情况下，可以用"是……的"句强调事情发生的时间、地点、方式等。句中关注的焦点是"是"与动词中间的部分。"是……的"不能跟"了"并用，也不能用来表达还没有发生的事情。

When it is known that an event has happened, we could use "是……的" to emphasize the time, location, manner of the event. The focus of the sentence is the part between 是 and the verb. The structure "是……的" cannot go together with the aspectual particle "了", it also cannot express an act that has not taken place or completed.

综合练习 Comprehensive Exercise

一、语音练习 Pronunciation Exercise

（一）朗读后用汉字写出指定的词语 Write down the Pointed Character after Reading Aloud

1.Huānyíng cānjiā miànshì.

（ ）

2.Běnlái wǒ shì xué fǎlǜ de, xiǎng dāng lǜshī.

（ ） （ ）

3.Nǐ de pǔtōnghuà fēicháng biāozhǔn.

（ ）

4.Wǒ shì tōngguò guì gōngsī de wǎngzhàn zhīdào de.

（ ） （ ）

5.Nǐ yǒu shénme gōngzuò jīngyàn ?

（ ）

6.Nǐ zěnme bù tíqián tōngzhī wǒ ne?

( )

(二)朗读词组 Read Aloud the Phrases

当医生	当老师	当律师
法律专业	经济专业	中文专业
招聘的消息	考试的消息	结婚的消息
去年年底	今年年底	这个月底
是在美国买的	是星期五晚上走的	是坐公共汽车去的

二、语素练习 Morpheme Exercise

1. 试(shì,test, exam):面试　　笔试　　口试

　　________试　________试

2. 语(yǔ,language):汉语　　英语　　日语

　　________语　________语

3. 事(shì,affair, event):喜事　　好事　　大事

　　________事　________事

三、选词填空 Choose the Proper Words to Fill in the Blanks

首先　本来　经验　自然　提前

1. 张小姐 _______ 学医,后来改学法律了。
2. 这种病不用吃药,休息一两天 _______ 会好的。
3. 李先生是一位很有 _______ 的医生。
4. 开始上课。_______,我们复习一下上一课的生词。
5. 考试应该 _______10 分钟到教室。

招聘　网站　通知　标准　年级

6. 你想找一个什么样的女朋友?有没有什么 _______?
7. 现在有一些购物的 _______ 是骗人的。
8. 老师 _______ 学生们明天下午考试。

9. 天津大学 _______ 汉语老师。

10. 我是天津大学二 _______ 的学生。

四、语法练习 Grammar Exercise

(一)替换练习 Substitution Drills

1. 我 是 2010 年 大学毕业 的。

早上八点	出发
去年九月	开始学习汉语
昨天晚上	看电影
1980 年 1 月 1 日	出生

2. 乔治 是 在天津大学 学汉语 的。

夏红	在英国	认识林芳
我	在电影院门口	遇到张先生
大卫	从美国	来
我们	在食堂	吃

3. 林芳 是 跟丈夫一起 来 的。

王小姐	一个人	去
玛丽	跟父母一起	旅行
张师傅	坐船	走
李老师	骑车	来

4. 我 早上 去 的，不是 下午 去 的。

在饭馆儿	吃	在家里	吃
骑车	来	坐车	来
跟朋友一起	来	一个人	来
用汉语	说	用英语	说

5. 他的普通话 说 得 真 流利。

桌子	擦	干净
汉字	写	清楚
钢琴	弹	好听
足球	踢	好

6. 乔治　当　过　英语老师。

大卫	喝	这种饮料
玛丽	看	这本书
同学们	去	长城
亚当	吃	饺子

(二)用"是……的"改写下面的句子　Rewrite the Following Sentences with the Structure "是……的"

例如:去年他毕业了。

他是去年毕业的。

1. 大卫什么时候回国了？

____

2. 同学们走路去公园了。

____

3. 他父母从上海回来了。

____

4. 我们都用汉语聊天。

____

5. 张先生没坐飞机走,他坐火车走了。

____

(三)根据划线部分提问　Ask Questions According to the Underlined Parts

例如:他是去年毕业的。

他是什么时候毕业的？

1. 这块手表<u>在美国</u>买的。

____

2. 这件事我是<u>听你同学说</u>的。

____

3. 我是<u>上个月底</u>去上海的。

____

4. 玛丽是<u>跟张老师</u>学的京剧。

____

5. 王小姐是<u>上个星期</u>离开天津的。

____

（四）组句 Construct Sentences

1. 发现　　这本书　　是　　的　　在图书馆

____

2. 跟谁　　是　　你　　的　　去　　体育场

____

3. 是　　去　　王先生　　下午三点　　公司　　的

____

4. 从英国　　来　　这位记者　　的　　是

____

5. 通过老师　　不是　　这件事　　我　　的　　知道

____

（五）课堂活动 Classroom Activities

同学要互相采访，问一问他/她周末做了哪些事（用“是……的”句提问）。被采访的同学请回答。可以把自己的采访结果记在下面的表格中。

姓名				
去哪儿了？				
怎么去的？				
什么时候去的？				
什么时候回来的？				
跟谁一起去的？				

五、排列顺序 Order the Sentences

1. A: 这两种学习对我们都很重要
   B: 而是从生活中学到的
   C: 有些知识不是从书本上学到的 ______________________________
2. A: 毕业后我们就再也没有联系过
   B: 林芳是我大学时的同学
   C: 没想到今天我去取护照时竟然遇到她了 ______________________________
3. A: 这条河非常干净，站在河边
   B: 还能看到河底绿绿的水草
   C: 不但能看到很多小鱼在河里游来游去 ______________________________

六、阅读理解 Reading Comprehension

晚上，林芳带着丈夫一起来到"津味食屋"，跟几位过去的老朋友见面。她们吃着饭聊天儿，也喝了一点儿酒。夏红有点儿吃惊，就问林芳："我记得你以前从来不喝酒，什么时候学会喝酒的？"林芳说因为她丈夫很喜欢喝酒，她有时候陪丈夫一起喝，就学会了。林芳和丈夫就是在一次朋友聚会上认识的，也可以说是"喝酒认识的"。后来她们还聊了一些以前上大学时候的事，聊得非常开心。

1. 夏红为什么吃惊？（　　）
   A. 林芳结婚了　　B. 老朋友一起喝酒
   C. 林芳喝酒了　　D. 林芳的丈夫喜欢喝酒
2. 林芳和丈夫是怎么认识的？（　　）
   A. 在大学　　B. 通过聚会
   C. 通过买酒　　D. 通过夏红

七、根据偏旁，写出不同的汉字 Write down Different Characters According to the Following Chinese Character Components

彳：律

__________　__________　__________

攵:改

__________ __________ __________

辶:通

__________ __________ __________

第十课

国际文化节

生　词　New Words

1	举办	jǔbàn	动	to hold	举办活动、举办比赛
2	国际	guójì	名	international	国际关系、国际会议
3	节 节日	jié jiérì	名 名	festival festival	春节、国庆节
4	篇	piān	量	classifier for writing	一篇文章、一篇报道
5	文章	wénzhāng	名	article	写文章、一篇文章
6	报道	bàodào	动、名	to report, report	报道新闻、报道消息
7	重新	chóngxīn	副	again, once more	重新写一遍
8	演出	yǎnchū	名、动	performance, to perform	看演出、参加演出
9	节目	jiémù	名	program, show	表演节目、精彩的节目

10	专门	zhuānmén	副	specially	专门教汉语
11	著名	zhùmíng	形	famous	著名演员、著名律师
12	演员	yǎnyuán	名	actor, actress	著名演员、当演员
13	教育	jiàoyù	名	education	教育工作
14	民族	mínzú	名	nationality	少数民族、民族习惯
15	服装	fúzhuāng	名	clothing, dress	民族服装、京剧服装
16	进行	jìnxíng	动	to proceed, to be in progress	进行比赛、正在进行
17	小伙子	xiǎohuǒzi	名	young man	害羞的小伙子
18	帅	shuài	（形）	handsome	帅哥、帅小伙儿
19	国际文化节	Guójì wénhuàjié	专名	International Cultural Festival	
20	国际教育学院	Guójì jiàoyù xuéyuàn	专名	School of International Education	

课 文 Text

（一）国际文化节

（5月，学校举办国际文化节，安娜和玛丽要过去看看）

安　娜：今天学校里举办国际文化节，听说可热闹了，咱们过去看看吧。

玛　丽：你先去吧，我穿好衣服马上就去。

（安娜和玛丽到了文化节现场）

安　娜：可真热闹哇！你看，那不是"大记者"叶欢吗？我记得她去年就来过。

玛　丽：叶欢，你又跑来看热闹哇！

叶　欢：我想写一篇文章，报道一下天津大学国际文化节的新闻。不过好像每年都差不多呀。

安　娜：听说今年他们重新安排了演出的节目，应该比去年的更精彩。

玛　丽：而且还专门请来了著名的演员。

叶　欢：　真的吗？是哪个著名演员？

玛　丽：　就是我们国际教育学院的留学生哪。同学们都穿来了自己的民族服装，要进行服装表演呢。

安　娜：　快看，山本和阿里已经穿好服装上去了，表演就要开始了。

玛　丽：　小伙子们多帅呀！

生　词　New Words

21	部分	bùfen	名	part	一部分、大部分
22	食品	shípǐn	名	food	品尝食品、绿色食品
23	烤	kǎo	动	to roast, to toast	烤鸭、烤肉
24	份	fèn	量	a measure word for gift, newspaper, etc.	一份饭、一份报纸
25	大使馆	dàshǐguǎn	名	embassy	中国大使馆
26	感受	gǎnshòu	动	to feel	感受一下
27	照片	zhàopiàn	名	photo	一张照片
28	整理	zhěnglǐ	动	to put in order	整理房间、整理头发
29	活动	huódòng	名	activity	组织活动、举办活动
30	土耳其	Tǔ'ěrqí	专名	Turkey	
31	蒙古包	Měnggǔbāo	专名	Mongolian yurt	

课 文 Text

（二）能进去感受一下吗

（文化节演出结束，现在是品尝各国美食的时间）

安 娜：文化节我最喜欢品尝美食这个部分了，那么多美味的食品都是同学们自己带来的，免费让大家品尝。

玛 丽：去年最受欢迎的就是土耳其烤肉，快看，今年还有！（对土耳其同学）真好吃，还能再要一份吗？

赛 德：不好意思，这是最后一份了，我要拿去给老师。

叶 欢：玛丽，安娜，快过来，这儿有蒙古包呢！

（安娜、玛丽兴奋地跑来）

安 娜（对孟和）：这蒙古包你们从哪儿搬来的呀？

孟 和：从蒙古哇。

安 娜、玛 丽：啊？真的？

孟 和：我开玩笑呢，其实是从我们的大使馆借来的。

安 娜：能进去感受一下吗？

孟 和：当然可以，两位漂亮的小姐，请进。

安 娜（先进去了）：玛丽，快进来呀！叶欢，快帮我们照相。

（叶欢照完以后看照相机里的照片）

叶 欢：这么多照片我得回去好好儿整理整理。国际文化节一年比一年有意思了，真应该多举办这样的活动，明年我还要来报道！

注　释　Notes

一、进行

进行 indicates being engaged in some continued activities, or the continuation of an action. It is often used together with durative verbal objects of disyllables.

（1）同学们都穿来了自己的民族服装，要进行服装表演呢。

（2）考试正在进行。

（3）比赛在体育场进行。

二、一年比一年 +adj.

一年比一年 +adj. means "more and more..." as time goes by. "一 + 量词 + 比 + 一 + 量词 + adj." indicates a continuous increase in degree.

（1）国际文化节一年比一年有意思了。

（2）天气一天比一天热了。

（3）考试一次比一次难了。

课文理解　Text Comprehension

一、根据课文（一）回答问题　Answer the Following Questions According to Text（一）

（1）今天学校里举办什么活动？

（2）谁参加了这个活动？

（3）叶欢想做什么？

（4）这次文化节跟以前有什么不一样？

二、根据课文（二）回答问题　Answer the Following Questions According to Text（二）

（1）安娜最喜欢文化节的哪个部分？

（2）去年什么最受欢迎？

（3）蒙古包是从哪儿搬来的？

（4）叶欢要回去做什么？

三、根据课文(一)填空 Fill in the Blanks According to Text(一)

今天学校 ______ 国际文化节，安娜和玛丽都跑去看。叶欢也来了，她想写一篇 ______ 报道国际文化节。今年学校重新安排了演出的 ______，请来国际教育学院的留学生穿着自己的 ______ 服装进行表演。山本和阿里都穿得很 ______。

四、根据课文(二)填空 Fill in the Blanks According to Text(二)

文化节上，同学们都可以 ______ 品尝各国美食，最受 ______ 的是土耳其烤肉。玛丽吃了以后还想再要一 ______。叶欢看见了蒙古包，蒙古同学说这是从 ______ 借来的。玛丽和安娜都进去 ______ 了一下。叶欢照了很多 ______。

语　法 Grammar

一、简单趋向补语 Simple Complement of Direction

V + 来/去(+了)

(1)咱们过去看看吧。

(2)你又跑来看热闹哇！

(3)椅子他搬来了。

(4)能进去感受一下吗？

The object of location is placed between the verb and the simple complement of direction 来/去, not after 来/去。

V + Object of location + 来/去(+了)

（1）回宿舍去

（2）进图书馆来

（3）下楼去

（4）上车来

The object referring to a person or thing is placed either before or after 来 / 去。

V + Object of something + 来 / 去

（1）请外国朋友来

（2）穿民族服装来

（3）带一些水果去

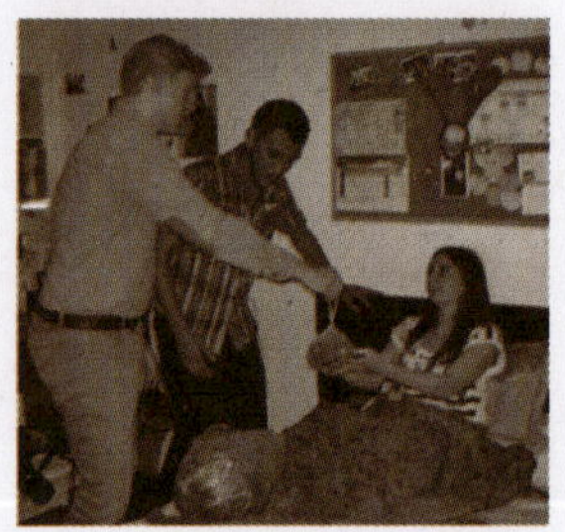

（4）拿几本书去

V + 来 / 去（+ 了）+ Object of location

（1）请来了著名的演员。

（2）穿来了民族服装。

（3）带去了一些水果。

（4）拿去了两本书。

错句 Wrong Sentences

*（1）车来了，我们上得去吧。

*（2）他上来楼了。

*（3）他给我这儿送去了一些蔬菜。

*（4）我们要过老师那儿来。

总结 Summary

简单趋向补语为"来 / 去"，如果动作是朝着说话人进行的，用"来"；如果是朝着相反的方向进行的，就用"去"。宾语表示处所时，"来 / 去"在宾语后面；宾语表示可以移动的事物时，"来 / 去"可以在宾语前面或者后面，如果动作还没发生，"来 / 去"多在宾语后面，如果动作已经发生，"来 / 去"多在宾语前面。

The simple complement of direction is "来 / 去", if an action proceeds towards the speaker, the simple complement of direction "来" is used. On the other hand, if an action proceeds in the opposite direction, "去" is used.

When the object indicates location, "来 / 去" goes after the object.

When the object indicates something that can be moved, "来 / 去" can go either before or after the object. If the verb indicates an action that has not taken place, "来 / 去" mostly goes after the object; if the verb indicates a fulfilled action, "来 / 去" mostly goes before the object.

二、频度副词 Adverbs of Frequency

又 again

表示动作、情况已经重复发生了。

"又" indicates that an action or situation has repeated.

（1）我前年去过上海，今年又去了一次。

（2）大卫昨天没来上课，今天又没来。

再 again

表示动作、情况将要重复，它后面常有数量词语。

"再" indicates that the an action or situation is going to repeat.

（1）我前年去过上海，明年再去一次。

（2）我没听清楚，请您再说一遍。

还 still

表示动作、状态将保持不变，强调施动者的主观愿望，常用在能愿动词前边。

"还" indicates a subjective demand that an action should repeat or continue and it is often followed by modal verbs.

（1）我前年去过上海，明年还想去。

（2）他已经睡了 8 个小时了，还要睡。

重新 again

表示重复某个动作过程，有“放弃以前，从头开始”的含义。

“重新”indicates the repetition of the process of some action, and has the meaning of“giving up what’s done before and restarting all over again”.

（1）他没有通过考试，明年要重新学习一年汉语。

（2）他们重新安排了演出的节目。

错句 Wrong Sentences

*（1）我不想又看见他了。

*（2）昨天他没来上课，今天再没来。

*（3）妈做的饭味道好极了，我吃了想还吃。

总结 Summary

	又	再	还	重新
时间 time	已经发生的 Things that have already taken place	没发生 或将要发生 Things that haven’t taken place or will take place	没发生 或将要发生 Things that haven’t taken place or will take place	已经发生的 或没发生的 Things that have already taken place or haven’t taken place
主观意愿 subjective will		不强调或无法强调主观意愿 does not or cannot emphasize the subjective will	强调主观意愿 emphasizes the subjective will	

综合练习 Comprehensive Exercise

一、语音练习 Pronunciation Exercise

（一）朗读后用汉字写出指定的词语 Write down the Pointed Character after Reading Aloud

1.Jīntiān xuéxiào lǐ jǔbàn Guójì wénhuà jié.

（　　　）

2.Wǒ xiǎng xiě yì piān wénzhāng.

（　　　）

3.Tāmen chóngxīn ānpái le yǎnchū de jiémù.

（　　　）

4.Xuéxiào qǐng lái le zhùmíng de yǎnyuán.

（　　　）

5.Tóngxuémen dōu chuān lái le zìjǐ de mínzú fúzhuāng.

（　　　）

6.Tóngxuémen dài lái le měiwèi de shípǐn.

（　　　）

（二）朗读词组 Read Aloud the Phrases

上来	上去	下来	下去
进来	进去	出来	出去
上楼去	下楼来	回宿舍去	回家来
送水果去	送蔬菜来	带照片来	带护照去
举办活动	举办文化节	举办会议	举办世界杯

二、语素练习 Morpheme Exercise

1. 节（jié，festival，holiday）：文化节　　圣诞节　　父亲节

________节　________节

2. 院（yuàn，certain public places）：学院　　医院　　电影院

________院　________院

3. 好（hǎo，good）：好吃　　好喝　　好听

好________　好________

三、选词填空　Choose the Proper Words to Fill in the Blanks

举办　进行　报道　演出　活动

1. 文化节的 _______ 非常精彩，大家都去看了。
2. 比赛 _______ 了四十分钟，比分还是 0 比 0。
3. 2014 年巴西 _______ 了世界杯足球比赛。
4. 每个学生都愿意参加爬长城的 _______。
5. 很多报纸 _______ 了这个消息。

重新　再　民族　部分　整理

6. 慢走，下次 _______ 来玩儿。
7. 每个 _______ 都有不同的文化和习惯。
8. 这个房间妈妈 _______ 收拾了一下。
9. 你桌子上的东西怎么这么多，太乱了，快 _______ 一下吧。
10. 文化节有两个 _______：第一是国际节目表演，第二是品尝各国美食。

四、语法练习　Grammar Exercise

（一）替换练习　Substitution Drills

1. 张小姐 上 楼 去 了。

进	办公室	来
出	教室	去
下	楼	来
回	家	去

2. 爸爸　买　来　了　一些蔬菜。

带	去	一瓶酒
找	来	几张照片
拿	去	一个电脑
借	来	两本书

3. 蒙古包　是　从大使馆　借　来　的。

这张照片	从他家里	找	来
王先生	从北京	回	来
大卫	从后门	进	去
我们	坐电梯	上	去

4. 亚当　昨天　迟到了，今天　又　迟到了。

我们家	吃饺子	吃饺子
我们队	赢了	赢了
这个学生	没带书	没带书
她的丈夫	没回家	没回家

5. 我打算　再　买　一个照相机。

学	一遍汉语
看	一遍这个电影
去	一次上海
等	十分钟

6. 我　过去，还是　你　过来？

上去	下来
进去	出来
出去	进来
下去	上来

（二）完成句子　Complete the Sentences

根据说话人的位置，填上趋向补语“来”或“去”。

Fill in the blanks with “来” or “去” according to the speaker's position

1. 他进房间 ______ 了。（说话人在外边）
2. 下午张先生要到北京大学 ______。（说话人不在北京大学）
3. 玛丽，你出 ______ 一下，可以吗？（说话人在外边）
4. 你打算什么时候回家 ______？（说话人不在家里）
5. 他们上车 ______ 了。（说话人在车上）
6. 上课了，咱们快进 ______ 吧。（说话人在教室外）

（三）用动词和趋向补语完成对话　Complete the Dialogues with V+ 来 / 去

1. 老师（在教室外）：大卫，请________一下。
   大卫（在教室里）：好的，老师，我马上________。
2. 亚当（在教室外）：对不起，老师，我迟到了，我可以________吗？
   老师（在教室里）：下次注意。________吧。
3. 妈妈（在树下）：小明，快________。
   小明（在树上）：我还不想________，我要爬到最上面。
4. 玛丽（手机响了）：老师，我可以________接个电话吗？
   老师：下课时再说吧。
5. 客人（看着表）：时间不早了，我得________了。
   主人：这样啊，那我送送你吧。

（四）组句　Construct Sentences

1. 从外边　了　一把椅子　搬　他　来

____

2. 学校　李老师　去　回　了

____

3. 大卫　去　一些　了　送　水果

____

4. 您　明天　请　过来　再

____

5. 又　　亚当　　睡着　　上课时　　了

____

(五)课堂活动　Classroom Activities

老师准备一些纸条，每张纸条上写一个指令，请位同学到前面，抽取指令，并按照指令做动作，其他同学看他做完动作以后猜他手里的纸条上是什么指令。

纸条上的指令如下：

请你出去。

请你出去，再进来。

请你到 ×× 旁边去。

请你（从别的教室）搬来一把椅子。

请你（从别的班）找来一位女同学。

……

五、排列顺序　Order the Sentences

1. A: 学校都会举办国际文化节
   B: 每年的 5 月份
   C: 这是留学生们展示各国文化的好机会　　________________
2. A: 但同时也带来了一些问题
   B: 现在，网上购物越来越受到人们的欢迎
   C: 它确实给人们带来了很多方便　　________________
3. A: 所以我们要早一点儿过去
   B: 平时吃饭的人就很多，今天又是周末
   C: 那家饭馆儿很受欢迎　　________________

六、阅读理解 Reading Comprehension

天津的早点

天津的早点在全国非常有名，不但味道很好，而且种类很多。不少天津人觉得早点是一天中最重要的一顿饭。每天早上，人们从家出来，散散步就到了早点铺。在那儿可能有一些认识的人，他们互相问好，聊聊最近的事儿。有的人可能会带报纸来，吃着早点看看新闻，说说今天的新鲜事儿。吃饱了，喝足了，人们觉得身体很舒服，心情也很好，新的一天就开始了。

1. 根据文章，"早点"的意思是什么？（　　）

A. 一顿饭　　B. 小吃　　C. 早饭　　D. 一种饮料

2. 在早点铺，下面哪件事没提到？（　　）

A. 聊天　　B. 看报　　C. 问好　　D. 喝酒

七、根据偏旁，写出不同的汉字 Write down Different Characters According to the Following Chinese Character Components

口：国

________　________　________

门：闹

________　________　________

⺮：篇

________　________　________

第十一课

请把您的姓名写在这儿

生词 New Words

1	营业员 营业	yíngyèyuán yíngyè	名 动	shop assistant to do business, to operate	女营业员 正在营业、营业中
2	业务	yèwù	名	business, service	办业务、业务很忙
3	申请	shēnqǐng	动、名	to apply, application	申请出国、写申请
4	填	tián	动	to fill in	填写、填空
5	表格	biǎogé	名	table, form	画表格、填表格
6	把	bǎ	介	used together with a noun, which is often the object of the following verb	把茶杯放在桌子上
7	姓名	xìngmíng	名	full name	问姓名、填写姓名
8	性别	xìngbié	名	gender	什么性别、性别是男
9	职业	zhíyè	名	career	好职业、没有职业

10	先……再	xiān…zài		to do A before do B	先洗手再吃饭
11	递	dì	动	to pass, to hand over	递东西、递给我

课 文 Text

(一)请把您的姓名写在这儿

营业员： 您好！您办什么业务？

留学生： 我想申请一张信用卡。

营业员： 请先填一下儿这张表格。会填吗？

留学生： 不太会。应该怎么填呢？

营业员： 先把您的姓名写在这儿，再填性别和职业。

留学生： “性别”和“职业”是什么意思？

营业员： “性别”就是你是男的还是女的，“职业”就是你做什么工作。

留学生： 明白了，有笔吗？请把那支笔递给我。谢谢！（一边填写一边自言自语）嗯，我是男的，不是女的；我是留学生，没有工作……填好了，您看有问题吗？

营业员： 这儿填得不对，您把“留学生”写成“留字生”了。

留学生： 是吗？哈哈，我是留学生，也是留字生啊。我把名字留在银行了。

生 词 New Words

12	抬	tái	动	to carry, to lift up	一起抬、抬桌子
13	打印	dǎyìn	动	to print	打印照片、打印两份
	打印机	dǎyìnjī	名	printer	一台打印机
14	旧	jiù	形	old, used	旧书、旧报纸
15	塑料袋	sùliàodài	名	plastic bag	旧塑料袋
16	扔	rēng	动	to throw	扔垃圾、扔了
17	垃圾桶	lājītǒng	名	garbage can, trash can	扔到垃圾桶里
18	镜子	jìngzi	名	mirror	镜子里面、照镜子
19	挂	guà	动	to hang	挂照片、挂衣服

20	墙	qiáng	名	wall	墙上、挂到墙上
21	意见	yìjiàn	名	opinion, objection	有意见、提意见
22	照	zhào	动	to look in (a mirror)	照镜子、照一下儿
23	对面	duìmiàn	名	opposite	马路对面、站在对面
24	反对	fǎnduì	动	to oppose, to be against	反对谁、不反对
25	整齐	zhěngqí	形	neat, in good order	很整齐、整整齐齐
26	随便	suíbiàn	形	casual, random	随便坐、随便吃
27	毛巾	máojīn	名	towel	一条毛巾、白毛巾

课　文　Text

（二）整理办公室

李小英：　办公室太乱了，我们整理一下儿吧。

王　汉：　哦，好像是应该整理一下儿了。

李小英：　我们把沙发抬到那边，把打印机放到电脑桌上。

王　汉：　好，我把这些旧报纸和塑料袋都扔到垃圾桶里。

李小英：　这面镜子放在桌子旁边不好看，把它挂到墙上，怎么样？

王　汉：　我的意见是把它挂到门后边。

李小英：　那样照镜子不方便，还是挂在墙上好。

王　汉：　挂墙上啊，挂你对面的墙上？

李小英：　也可以呀，我不反对。

王　汉：　那你就别工作了！

......

李小英：　这样一整理，办公室是不是整齐多了？王汉，以后你别再随便乱扔东西了。

王　汉：　我随便扔过吗？

李小英：　哎呀，你怎么把我的毛巾也扔到垃圾桶里了！

注释　Notes

一、先A再B（Act A before act B, act A and then act B）

表示做事情的顺序，是计划或安排，还没有发生。

This phrase indicates the sequence of planned or arranged actions, which has not taken place yet.

（1）先把您的姓名写在这儿，再填性别和职业。

（2）我先吃饭，再去上课。

（3）你先写作业，再看电视。

二、一边+VP_1一边+VP_2（VP_1 while be VP_2 ing）

表示同时做两个动作，"一"可以省略。

This phrase indicates two actions are taking place simultaneously. "一" can be omitted.

（1）哥哥一边写汉字一边听音乐。

（2）妈妈一边做饭一边唱歌。

（3）她边看边写。

三、自言自语 (to talk to oneself)

（1）大卫一边填写一边自言自语。

（2）考试的时候，他自言自语说："太难了，太难了。"

课文理解　Text Comprehension

一、根据课文（一）回答问题　Answer the Following Questions According to Text（一）

（1）在银行申请信用卡需要先做什么？

（2）填表格需要写什么？

（3）留学生填表格填得对吗？

（4）他为什么说自己是“留字生”？

二、根据课文（二）回答问题　Answer the Following Questions According to Text（二）

（1）他们为什么要整理办公室？

（2）他们整理了哪些东西？是怎么整理的？

（3）王汉觉得应该把镜子挂在哪儿？

（4）李小英喜欢做什么？

三、根据课文（一）填空　Fill in the Blanks According to Text（一）

大卫去银行____一张信用卡，营业员让他先____一张表格。大卫不会填，营业员告诉他把姓名、____和____填到表格上。大卫填好以后，营业员说他填得____，因为他把“留学生”写____“留字生”了。

四、根据课文（二）填空　Fill in the Blanks According to Text（二）

李小英和王汉一起____办公室。他们把沙发____了那边，把打印机放到了____上，把报纸和塑料袋都____了垃圾箱里，把镜子____了墙上。整理以后，办公室____多了。

语 法 Grammar

一、"把"字句（1） "把"–Sentence（1）

肯定式 1 Affirmative Form1

S + 把 + sth. + V + 到 / 在 / 给 + somewhere/sb.

（1）我们 把 这个沙发 抬 到 那边。

（我们抬这个沙发，这个沙发移动（move）到那边）

（2）你 把 这些报纸 扔 到 垃圾桶里 吧。

（你扔这些报纸，这些报纸移动到垃圾桶里）

（3）请你把________放在________上。（手机、桌子）

否定式 1 Negative Form1

S + 别 + 把 + sth. + V + 到 / 在 / 给 + somewhere/sb.

（1）你们 别 把 沙发 抬 到 那边。

（2）你 别 把 这些报纸 扔 到 垃圾桶里。

（3）请你__________________________________上。

肯定式 2 Affirmative Form2

S + 把 + sth. + V + 到 / 在 / 给 + somewhere/sb. + 了

（1）他们 把 那个沙发 抬 到 那边 了。

（2）我 把 那些报纸 扔 到 垃圾桶里 了。

（3）我把______放在____________。（你的手机，你的桌子）

否定式 2 Negative Form2

S + 没（有） + 把 + sth. + V + 到 / 在 / 给 + somewhere/sb.

（1）他们 没 把 那个沙发 抬 到 那边。

（2）我 没 把 那些报纸 扔 到 垃圾桶里。

（3）我_____把______放在____________上。（你的手机，你的桌子）

错句 Wrong Sentences

*（1）你放这个杯子到那儿。

*（2）请借给我你的手机。

*（3）他把杯子到桌子上了。

*（4）你把这个杯子别放到那儿。

*（5）他把杯子没有放到桌子上。

总结 Summary

本课的"把"字句表示主语对某个确定的事物或人发出动作，这个确定的事物或人受到动作的影响，它的位置移动到某一个地方或某个人。受动作影响的事物如果是确定的，而且动作使它的位置发生改变，就必须使用"把"字句。否定形式需要在"把"的前面加"别 / 不要"或者"没（有）"。

In this lesson, the "把"- sentence indicates that the subject applies an action to a definite thing or person, which is moved to somewhere or somebody because of being influenced by the action. The "把"- sentence should be used if the influenced object is definite and its position has been changed through the action. The negative form of the "把"- sentence should be made by using "别 / 不要" or "没（有）" before "把". ("别 / 不要" or "没（有）" should goes before "把" to express the negative meaning.)

综合练习 Comprehensive Exercise

一、语音练习 Pronunciation Exercise

（一）朗读后用汉字写出指定的词语 Write down the Pointed Character after Reading Aloud

1. Wǒmen gōngsī de yèwù hěn máng.

（ ）

2.Gēge yě xiǎng shēnqǐng chūguó líuxué.

（ ）

3. Nǐ wèishénme zǒngshì fǎnduì wǒ de yìjiàn ?

（ ）

4.Qǐng nǐ bǎ nà běn gùshìshū dì gěi wǒ.

( )

5.Nǐ bǎ mèimei de zhàopiàn guà zài sùshè le？

( )

6. Dōngxi cháng zhěnglǐ，fángjiān lǐ cái zhěngqí.

( )

(二)朗读词组 Read Aloud the Phrases

抬桌子　照镜子　挂地图　填表格　扔垃圾

先听再读　先读再写　先吃饭再学习　先洗澡再睡觉

把毛巾递给我　把手机借给他　把地图挂在墙上

把名字写在这儿　把汽车停到对面　把孩子送到学校

二、语素练习 Morpheme Exercise

1. 纸(zhǐ，paper)报纸　白纸　打印纸

________纸　________纸

2. 巾(jīn，towel, scarf)毛巾　头巾　围巾

________巾　________巾　________巾

3. 币(bì，money)人民币　纸币　硬币

________币　________币

三、选词填空 Choose the Proper Words to Fill in the Blanks

随便　营业　整齐　申请　反对

1. 如果你想出国，应该先________。
2. 这家银行的________时间是9:00—17:00。
3. 请大家不要客气，________坐________吃。
4. 爸爸妈妈________小王现在结婚，因为他才20岁。
5. 上课的时候同学们坐得非常________，老师很满意。

对面　职业　意见　递　挂　毛巾

6. 这条________不干净，你别用它擦脸。

7. 这家超市的________有三家银行。

8. 毕业以后做什么工作，你应该听听爸爸妈妈的________。

9. 爸爸觉得律师是个很好的________，他希望我毕业以后当律师。

10. 我想喝咖啡，可是我朋友________给我一杯啤酒。

11. 他把那个塑料袋________到自行车上了。

四、语法练习　Grammar Exercise

(一)先读句子，再把它们变成否定句　Read the Following Sentences and Write down the Negative Forms

例：请你把自行车放到那边。→你别把自行车放到那边。

1. 请你把照相机放到书包里。→________________

2. 请你把这些盘子拿到厨房里。→________________

3. 请你把那把椅子搬到这儿。→________________

4. 请你把这些水果放到那个塑料袋里。→________________

5. 你把他的帽子放在椅子上吧。→________________

6. 你把那 200 块钱拿在手里。 →________________

例：玛丽把信用卡丢在食堂了。→玛丽没有把信用卡丢在食堂。

1. 马丁把他的名字写在桌子上了。→________________

2. 王阿姨把小狗带到公共汽车上了。→________________

3. 我把那块蛋糕放到冰箱里了。→________________

4. 他把那张旧报纸扔到窗户外边了。→________________

5. 昨天我把手机借给你了。→________________

6. 上个星期我把那 500 块钱还给你了。→________________

(二)用“把”字和括号里的词完成会话　Complete the Dialogues with the “把” and the Given Words in the Brackets

例：A: 这本书放到哪儿？

B: 你把它放到书包里吧。（书包里）

1. A: 我把汽车停到哪儿？

B: 你______________吧。（图书馆、前面）

2. A: 老师，今天的作业写在哪儿？

B: 你们______________吧。（书上）

3. A: 你想______________？（这张画儿）

B: 我想把它贴（tiē）在对面的墙上。

4. A: 我______________？（这只小猫）

B: 你把它送给我吧。

5. A: 那两瓶牛奶你放到哪儿了？

B: 我______________了。（冰箱里）

6. A: 那些钱你借给谁了？

B: 我______________了。（我的朋友）

7. A: 你______________了？（我那件衣服）

B: 放到你的椅子上了。

8. A: 你______________了？（那些花）

B: 送给我妹妹了。

（三）组句　Construct Sentences

（1）在那儿　手机　把　你别　放

____

（2）那条毛巾　递给　请　我　把

____

（3）写完　我们　先　再　作业　看电视

____

（4）一边　一边　听音乐　写作业　喜欢　弟弟

____

（5）听力书　了　忘在食堂　把　不小心　我

____

（6）把　还没有　这个消息　他　王老师　告诉

____

五、阅读理解　Reading Comprehension

女生宿舍前边有两棵很高的树。一天，树上有几只猫，很多女生在下面往上看。这时候，几个男生爬到树上，用了很长时间，终于把猫“救”（jiù，rescue）下来了。

★男生为什么要把猫“救”下来？（　　）

A. 担心猫掉下来　　B. 喜欢爬树　　C. 让女生高兴　　D. 猫需要帮助

昨天晚上，我们全家人坐在一起聊天儿，我婶子（shěnzi,fater's younger brother's wife）口快，说了一句：“我们开车到青年路口撞死个人。”我们都很吃惊。我叔叔马上发飙（fābiāo,spoke angrily）：“大过年的能不能好好儿说话？多说俩字能打你嘴啊？”婶子立马自己打了个嘴巴，说：“是是是，是看见撞死个人。”

★发生什么事儿了？（　　）

A. 叔叔打婶子了　　B. 别人开车撞死人了

C. 叔叔开车撞死人了　　D. 婶子打叔叔了

六、排列顺序　Order the Sentences

1. A: 他学习汉语有个好习惯
   B: 这样很容易记住
   C: 把每天遇到的生词写在本子上　　__________
2. A: 却不是一件容易的事情
   B: 然而，要想把它们记在心里
   C: 把这些生词写在本子上并不难　　__________
3. A: 吃完了就把塑料袋、纸巾等扔到垃圾桶里
   B: 同学们，你们都吃完了吗？
   C: 不要随便乱扔　　__________

七、课堂活动　Classroom Activities

（一）猜一猜，“他把花送给谁了”　Guess, “whom did he give the flowers to”

六七个学生为一组，学生围成一圈，相向而坐。老师或选一个学生手拿一件东西（鲜花、手机、照片等）给大家看清楚，然后，让学生闭上眼睛，拿东西的人在圈外走动，悄悄把该东西放在一个学生身后，她/他的手可以摸得到。然后，让学生睁开眼，逐个猜问，“某某，老师把花送给

你了吗?”被问的人用把字句回答。依次问答。

(二)摆放家具　Put the Furniture in a Certain Place

道具:物品图片若干张,如桌子、椅子、沙发、电视机、电脑、床、画儿、照片等。然后,老师在黑板上画一个方框代表房间。老师请学生商量把这些东西放在哪里。

八、根据偏旁,写出不同的汉字　Write down Different Characters According to the Following Chinese Character Components

扌:垃

__________　__________　__________

辶:这

__________　__________　__________

米:精

__________　__________　__________

纟:给

__________　__________　__________

第十二课

您到这边来吧

生　词　New Words

1	投	tóu	动	to put into, to throw	投硬币、投进去
2	座位	zuòwèi	名	seat	空座位、有座位
3	猴子	hóuzi	名	monkey	一只猴子
4	广播	guǎngbō	名、动	broadcast	听广播、广播找人
5	站	zhàn	名	station, bus stop	汽车站、下一站

课文　Text

(一)老人家,您到这边来吧

司　机:　快点儿上来。两块!

老　人:　师傅,不好意思,我只剩这一块钱了。

司　机:　一块您也投进去啊,投进去,往后走。

女　人:　老人家,您到这边来吧,这儿还有个座位。

老　人:　谢谢你!这儿也有个座位,我不过去了。

女　人:　您快坐下吧,车开得快,注意安全。

司　机:　哎?你怎么把猴子带上车来了?

女　人:　你怎么说话的,看清楚好不好!这是我的小狗,不是猴子!

老　人:　我到图书大楼下车,还有几站?

司　机:　三站。你注意听广播,别坐过站。

生　词　New Words

6	公交车	gōngjiāochē	名	bus	坐公交车
7	乘坐	chéngzuò	动	to take (train/bus)	乘坐地铁、乘坐电梯
8	时钟	shízhōng	名	clock	挂时钟、看时钟
9	表	biǎo	名	clock, watch	一块表、表慢了
10	故意	gùyì	副	on purpose	故意问、故意迟到
11	至少	zhìshǎo	副	at least	至少读三遍
12	规定	guīdìng	动、名	rule, regulation	学校规定、符合规定
13	允许	yǔnxǔ	动	to permit, to allow	允许上车、不允许抽烟
14	乘客	chéngkè	名	passenger	一位乘客
15	动物	dòngwù	名	animal	小动物、喜欢动物
16	老太太	lǎotàitai	名	old lady	
17	公鸡	gōngjī	名	cock, rooster	一只公鸡、大公鸡
18	装	zhuāng	动	to pack, to load	装进去、装车
19	袋子	dàizi	名	bag	袋子里

20	大约	dàyuē	副	about, approximately	大约 20 岁
21	按	àn	动	to press	按住、按一按
22	伸	shēn	动	to stretch, to put out	伸手、伸头、伸出来
23	吓	xià	动	to scare, to frighten	别吓我、吓坏了
24	铃声	língshēng	名	ringing tone	听见铃声了
25	喔喔	wōwō	拟	crow (sound of cock crowing)	

课　文　Text

（二）公交车上的故事

我每天早上乘坐 9 路公交车去上班，遇到过不少有意思的事儿。

我发现我经常坐的那辆车上的时钟总是慢 10 分钟左右。有一天，我正好站在司机旁边，就对他说："师傅，车上的表慢了 10 分钟。"

司机师傅笑了笑说："我故意弄慢的。这样那些迟到的人，至少在我的车上心里就不那么着急。"

根据规定，公共汽车不允许乘客带动物上车。可是，有一天，一个老太太却把一只公鸡装到袋子里带上了车。车上大约有 20 个人。老太太刚坐下来，公鸡就把头伸出来叫了一声，"喔喔——"把司机吓了一跳。车上的乘客都知道是怎么回事，只有司机不知道。司机生气地问："什么声音？"老太太马上把鸡头按回袋子里去，说了一声："手机铃声！"

注 释 Notes

一、老人家

对老人的尊称，一般在公共场合使用。

“老人家” is a respectful form of address for an old person. It's normally used in public occasions.

二、坐过站 (missed the stop)

（1）我坐过站了，我要马上下车。

（2）小心点儿，别坐过站。

三、吓一跳 (to be taken aback, to be scared, to be freaked out)

（1）你进来也不敲门，你吓了我一跳。

（2）听到这个坏消息，我吓了一跳。

课文理解 Text Comprehension

一、根据课文（一）回答问题 Answer the Following Questions According to Text（一）

（1）老人为什么说“不好意思”？

（2）老人对谁说“谢谢”，为什么？

（3）女人为什么生气？

（4）你觉得司机怎么样？

二、根据课文（二）回答问题 Answer the Following Questions According to Text（二）

（1）公交车上的时钟有什么问题？

（2）司机为什么把车上的表弄慢？

（3）司机为什么生气？

（4）老太太为什么把鸡头按回袋子里去？

三、根据课文(一)填空　Fill in the Blanks According to Text(一)

有一个老人乘坐公共汽车，他______以后，发现自己只带了______钱。司机让他把钱______往后走。这时候，一位女乘客请老人______她那儿______坐，老人的旁边也有一个______，所以老人没有______。司机突然问女乘客为什么把猴子______上车______了，女乘客很生气，因为她带的不是猴子，是自己的______。

四、根据课文(二)填空　Fill in the Blanks According to Text(二)

9路公交车上的______总是慢10分钟______。其实时钟没有问题，是司机师傅______弄慢的，因为他希望上班迟到的人______在他的车上心里不着急。有一个老太太上公交车的时候带了一只______。她刚坐______，公鸡突然把头伸______叫了一声，把司机吓了______。司机问是什么声音，老太太说是______。

语　法　Grammar

复杂趋向补语　Compound Complement of Direction

复杂趋向动词　Compound Directional Verbs

说话人(Speaker)

进来		出去		上来		下去	
进去		出来		上去		下来	

回来		过来			起来	
回去		过去				

(1)公鸡的头伸出来了。

(2)把这些衣服装进去吧。

(3)这些书你能帮我拿上去吗？

(4)汽车又拐回来了。

宾语的位置 Position of the Object

V + 上/下/进/出/回/过 + O_{place} + 来/去

(1)他们已经跑下山去了。

(2)看,玛丽走进电影院去了。

(3)把这些东西扔进垃圾桶去吧。

(4)我们打算骑自行车骑回天津来。

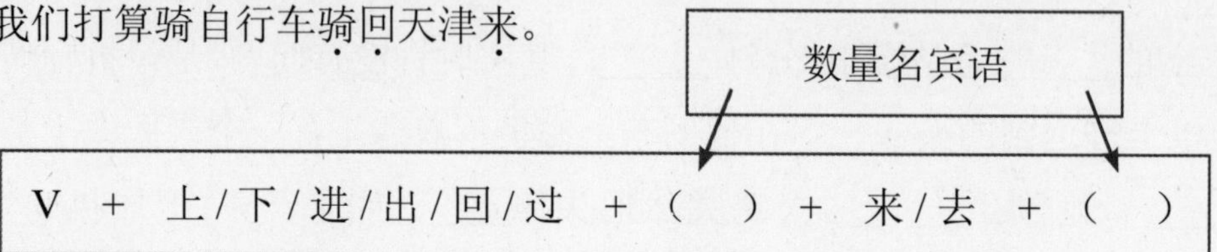

(1)玛丽买回一只小猫来。

玛丽买回来一只小猫。

(2)他给我递过一本英文书来。

他给我递过来一本英文书。

(3)老人投进一块钱去。

老人投进去一块钱。

(4)我给他递过一杯咖啡去。

我给他递过去一杯咖啡。

错句 Wrong Sentences

*(1)他们已经跑下去山了。

*(2)看,玛丽走进去电影院了。

*(3)把这些东西扔进去垃圾桶吧。

*(4)我们打算骑自行车骑回来天津。

总结 Summary

复杂趋向补语补充说明动作的趋势和方向。动词后面有宾语的时候,如果宾语是表示地方的名词,那么它只能在"来/去"的前面;如果宾语是一个"数+量+名"结构,那么它可以在"来/去"的前面或者后面。

The compound complements of direction indicate the tendency and direction of an action. When the verb is followed by an object, the object of place should be put before "来/去", whereas the object of the structure "numeral + measure word + noun" can be put either before or after "来 / 去".

综合练习 Comprehensive Exercise

一、语音练习 Pronunciation Exercise

(一)朗读后用汉字写出指定的词语 Write down the Pointed Character after Reading Aloud

1.Qǐng nǐ bǎ qián tóu jìnqu.

( )

2.Bié bǎ gōngjī dài shàng chē qu.

( )

3.Xiǎoháizi xǐhuān kàn xiǎo hóuzi.

( )

4.Gōngjī bǎ tóu shēn le chūlai, lǎotàitai bǎ jītóu àn le huíqu.

( ) ( )

5.Wǒmen jiā de shízhōng zǒngshì màn jǐ fēnzhōng.

( )

6.Gōnggòngqìchē bù yǔnxǔ chéngkè dài dòngwù shàng chē.

( )

(二)朗读词组 Read Aloud the Phrases

投进去	装进去	走进去	放进去
坐下来	拿下来	伸出来	按回去
走下楼来	走进教室来	装进书包去	放回钱包去
拿出来一张照片	买回来两块手表	扔下去三个面包	
放进去五块钱	走进来四个人	伸出来三个手指(fingers)	

二、语素练习 Morpheme Exercise

客 (kè, guest)：乘客　旅客　游客

________客　________客　客________　客________

公(gōng，public, not for private)：公园　　公路　　公车

公________　　公________　　公________

三、选词填空　Choose the Proper Words to Fill in the Blanks

广播　铃声　乘客　座位　规定　动物

1. 很多老人喜欢听______节目。
2. 我们班每个星期换一次______，同学们很高兴。
3. 听到下课的______，孩子们都跑出教室去了。
4. 公司______上班时间不允许打电话。
5. 上周末王老师带着孩子去______园看猴子了。
6. 各位______请注意，汽车马上启(qǐ)动，请大家坐稳(wěn)扶(fú)好，下一站水上公园。

故意　允许　至少　伸　按　装

7. 请不要把头______出窗外。
8. 我们该走了，快把这些东西______进包里去。
9. 我的病还没有好，大夫不______我喝酒。
10. 一个人每天______需要喝六杯水。
11. 你______一下开关，电脑就打开了。
12. A：你把咖啡弄到我身上了。B：对不起，我不是______的。

四、语法练习　Grammar Exercise

(一)选词填空，然后朗读句子　Choose the Proper Words to Fill in the Blanks, Then Read Aloud the Sentences

1. 同学们从教室里走______了。　(进来、出来、进去)
2. 我在楼下等你，你快______吧。　(过去、上来、下来)
3. 他从书店买______两本词典。　(回来、回去、过来)
4. 你别站着，坐______，咱们一起看电视吧。(上去、下来、出去)
5. 你借玛丽的钱还______了吗？(下去、回来、回去)
6. 那棵树那么高，你能爬______吗？(上来、上去、下去)

7. 这些东西很重，别拿着了，放______吧。（起来、出去、下去）

8. 你看，他从对面走______了。（过来、过去、上去）

9. 他从河的这边游______了，真厉害！（下来、过去、进来）

10. 那是我的钱包，你把那些钱装______吧。（进去、进来、过来）

（二）组句　Construct Sentences

1. 回来　　三本书　　从图书馆　　借　　我

____

2. 很多钱　　从楼上　　扔　　那个女人　　下来

____

3. 把我的书　　回来　　你　　还　　什么时候　　啊

____

4. 说着笑着　　进　　去　　同学们　　教室　　走　　了

____

5. 车　　跳　　那个人　　上　　去　　了　　把汽车开走

____

6. 走　　飞机　　爸爸和妈妈　　下　　来了　　我看见

____

（三）看图造句，注意使用趋向补语　Make Sentences with Complements of Direction According to the Pictures

1.______________________________走

2.______________________________走

3.________________________________倒

4.________________________________装

5.________________________________跳

6.________________________________吃

六、阅读理解 Reading Comprehension

该放暑假了，很多大学生都回家了，可是我家儿子还没有回来。儿子说，他们到 7 月 15 日才放假。我想，儿子是不是在学校谈恋爱了，想和女朋友一起在学校多待几天。我打电话问他，他说："我哪儿有什么女朋友啊！我正在教室上晚自习呢。"说到暑假的安排，儿子说他想去他叔叔那里走一走，一是看看风景，二是看能不能找一份暑假工作锻炼锻炼自己。

1. 关于儿子，哪一项是对的？（　　）

   A. 已经放假了　　B. 还没放假　　C. 有女朋友了　　D. 回家了

2. 儿子暑假的安排是什么？（　　）

   A. 在学校学习　　B. 回家休息　　C. 谈恋爱　　D. 去叔叔家

七、排列顺序 Order the Sentences

1. A: 可是常常学得不太好，让人们觉得又可爱又可笑

   B: 例如它看见人做什么就学着也那样做

   C: 猴子是一种很有意思的动物　　____________________

2. A: 听到这个消息

B: 马丽这次考试得了第一名

C: 同学们都为她感到高兴 ______________________________

3. A: 因为我觉得它只是一个数字

B: 我从来不关心自己的年龄

C: 重要的是永远要有一颗年轻的心 ______________________________

八、课堂活动 Classroom Activities

1. 用课桌围成一圈，留一个口儿，全体学生和老师在外边。老师指定一个学生，说："某某，请你进去。"某某进去。再让他邀请别的同学进来，他邀请一个，外面的同学齐声发指令。当圈里人占多数时，圈外人发指令，请里面的人出来。实地练习"进来、进去、出来、出去"。

2. 课桌或椅子放成一排，如活动1，让学生实地练习"上来、上去、下来、下去"。

3. 地上画一条河，学生分站河两边，如活动1，练习"过来、过去"。

九、根据偏旁，写出不同的汉字 Write down Different Characters According to the Following Chinese Character Components

攵：教

__________ __________ __________

钅：钟

__________ __________ __________

古：故

__________ __________ __________

广：店

__________ __________ __________

第十三课

你把这个瓶子扔了吧

生　词　New Words

1	航班	hángbān	名	flight	飞往北京的航班
2	矿泉水	kuàngquánshuǐ	名	mineral water	一瓶矿泉水
3	瓶子	píngzi	名	bottle	一个瓶子、空瓶子
4	登机	dēngjī	动	to go aboard	八点半登机、开始登机
	登机牌	dēngjīpái	名	boarding pass	换登机牌、拿登机牌
5	人员	rényuán	名	personnel	工作人员、服务人员
6	钥匙	yàoshi	名	key	一把钥匙、车钥匙
7	盒子	hézi	名	box	木盒子、纸盒子
8	脱	tuō	动	to take off	脱衣服、脱下来
9	袜子	wàzi	名	socks	一双袜子、脱袜子
10	严格	yángé	形	strict	很严格、严格要求
11	也许	yěxǔ	副	maybe	
12	尊重	zūnzhòng	动	to respect	尊重别人、很尊重你
13	脾气	píqì	名	temper	脾气好、脾气不好
14	否则	fǒuzé	连	otherwise	
15	来不及	láibùjí	动	It's too late to	

课　文　Text

(一)你把这个瓶子扔了吧

妻　子：我们的航班九点起飞，现在都八点了，我们快进去吧。

丈　夫：　不用这么着急，时间来得及。

妻　子：　你快把这些矿泉水喝了吧，上飞机不允许带饮料的。

丈　夫：　我不喝了，你把这个瓶子扔了吧。登机牌和护照都准备好了吗？

妻　子：　准备好了。

丈　夫：　好，那我们就进去吧。

（在安全检查口）

工作人员：　请把您的手表、手机、钥匙等放在这个盒子里。

（通过安全检查口）

工作人员：　请把您的鞋子脱下来。

丈　夫：　怎么还要脱鞋啊？要不要把袜子也脱下来？

工作人员：　这是机场的新规定，请您理解。

丈　夫：　这规定也太严格了吧。

工作人员：　检查严格点儿，大家的安全才有保证。

丈　夫：　安全也许有保证了，可是这也太不尊重乘客了。

妻　子：　别发脾气了，该登机了，我们快走吧，否则就来不及了。

生　词　New Words

16	对	duì	量	pair	一对夫妻、一对恋人
17	感情	gǎnqíng	名	affection	感情好、感情深
18	负责	fùzé	动	to take charge	负责擦黑板
19	下班	xiàbān	离	off work	下了班、下班后
20	心情	xīnqíng	名	mood	心情不好、没心情
21	主动	zhǔdòng	形	active,initiative	主动回答、主动帮助
22	洗	xǐ	动	to wash	洗手、洗衣服
23	忍不住	rěnbuzhù		cannot help	忍不住笑了
24	唉	āi	叹	alas	
25	安慰	ānwèi	动	to comfort	安慰她
26	到底	dàodǐ	副	on earth	

27	拉	lā	动	to pull, to draw	拉一下、拉着手
28	怪	guài	动	to blame	别怪我、怪他不努力
29	伤心	shāngxīn	离	sad, grieved	很伤心、别伤心

课　文　Text

（二）妻子丢钱了

有一对夫妻，他们感情很好。平时在家，丈夫负责打扫房间，妻子负责做饭洗衣服。一天，妻子下班回到家，对丈夫说："老公，我在公交车上丢钱了，没心情做饭了。"丈夫说："没事儿没事儿，我做。你去看看电视或者听听音乐心情就好了。"吃完饭，丈夫主动把桌子擦了，把碗也洗了。妻子说："唉，心里难受，衣服也不想洗。"丈夫说："别难受了，我洗。"然后，就把脏衣服都洗了。到睡觉时，他实在忍不住了，就问妻子："老婆，你到底丢了多少钱啊？"妻子说："我不敢说。"老公拉了拉她的手，安慰她说："没事，老公不怪你。"妻子故意做出伤心的样子，说："丢了一块钱。"

注　释　Notes

一、发脾气（lose one's temper）

"脾气"指一个人的性格，"发脾气"意思是很生气地说话或做事儿。"脾气大、脾气不好"指容易生气。

"脾气" refers to one's character, "发脾气" means speaking or doing something angrily. "脾气大、脾气不好" means "to be easy to get angry".

（1）他对妻子很好，从来没有发过脾气。

（2）爸爸喜欢发脾气，我们都害怕他。

（3）今天有很多学生迟到，老师又发脾气了。

二、丢了钱，没心情做饭了！

"没心情 +V"指心情不好，不想做某事。

"没心情 +V" indicates that somebody is in a bad mood, and doesn't want to do something.

(1)今天累死了,我没心情跟你聊天儿。

(2)还有很多工作没有完成,我没心情看电视。

(3)刚才经理批评(pīpíng,blame)她了,现在她没心情说话。

三、老公、老婆

"老公"意思是"丈夫","老婆"意思"妻子",是夫妻之间亲昵的互称。在公共场合,社会地位比较高的人,妻子称丈夫为"先生",丈夫称妻子为"夫人、太太"。

"老公"means "丈夫",and "老婆"means "妻子".These two words are to show endearment between husband and wife. In public places, for the person in comparatively high social status, wives call their husbands as"先生", husbands call their wives as"夫人、太太".

课文理解 Text Comprehension

一、根据课文(一)回答问题 Answer the Following Questions According to Text(一)

(1)的为什么让男的把矿泉水喝了?

(2)男的让女的做什么?

(3)男的为什么发脾气?

(4)工作人员怎么向男的解释?

二、根据课文(二)回答问题 Answer the Following Questions According to Text(二)

(1)平时在家,妻子负责做什么?

(2)那一天,丈夫在家做了什么?

(3)那一天,妻子的心情怎么样?

(4)丈夫和妻子的感情怎么样?举例说明。

三、根据课文(一)填空 Fill in the Blanks According to Text(一)

我的丈夫脾气不好。有一次,我们乘坐九点钟的______,进去以前,我让他把矿泉水______,他不喝,他让我把______扔了。安全检查的时候,工作______让他把手表、手机、等放进一个______里，还让他把鞋______。丈夫说这样的规定不______乘客，所以他______了。我感到很不好意思。

四、根据课文（二）填空　Fill in the Blanks According to Text（二）

昨天我老婆______回到家，说她在公交车上______了，没有______做饭，我就让她去______、听音乐，我自己做饭。吃完饭，我把桌子______，把碗也______。老婆说她心里还______，不想洗衣服。我就把______都洗了。睡觉时，我问她______丢了多少钱，她告诉我丢了一块钱，原来（yuánlái）她不是真的______，她是故意骗我的。

语　法　Grammar

把字句（2）　把 -sentence（2）

S + 把 + O + V + 其他成分

（1）	我	把	作业	做	完了。　（我做作业，作业完了）
（2）	他	把	鞋	脱	下来　了。（他脱鞋，鞋下来了）
（3）	你	把	这个瓶子	扔	了　吧。　（你扔这个瓶子，瓶子移动）
（4）	你	把	这些衣服	洗	洗。　（你洗这些衣服，衣服状态改变）

错句　Wrong Sentences

*（1）我们把中国来到了。

*（2）我把作业做累了。

*（3）你把一个瓶子扔了吧。

*（4）你把这些衣服洗。

*（5）我把这些菜吃不完。

总结　Summary

"把"字句主要表示"某人的动作作用于某确定的对象（人或事物），动作产生某种结果，使这个确定的对象发生某种变化"。注意：①动作对象应该是听说双方都知道的（表示使物体位置移动的陈述性"把"字句除外）；②动作结果表示"把"后面的动作对象发生改变；③动词后应该有补语、"了"或重叠形式，不可以是一个单独动词。

The 把-sentence indicates that "an action of somebody is applied to an definite object(somebody or something), and the action will bring about a change". Notice: ① The object of the action should be known to both the speaker and the hearer(excepting the declarative the 把-sentence which indicating location moving). ② The result of the action indicates that the object of the "把"has changed. ③ The verb predicate of the 把-sentence is usually followed by complements, "了", or the repetition of the verb, and can't be a single verb.

综合练习　Comprehensive Exercise

一、语音练习　Pronunciation Exercise

（一）朗读后用汉字写出指定的词语　Write down the Pointed Characters after Reading Aloud

1.Fùmǔ yīnggāi zūnzhòng háizi de yìjiàn.

(　　　)

2.Yīnwèi diū le qián,qīzǐ méi xīnqíng zuòfàn le.

(　　　)

3.Qǐng nǐ bǎ wàzi tuō xiàlai.

(　　　)

4. Lǎoshī duì wǒmen hěn yán'gé.

(　　　)

5. Tā zhǔdòng bǎ hēibǎn cā gānjìng le.

(　　　)

6.Māma fùzé zuòfàn , wǒ fùzé xǐwǎn.

(　　　)

（二）朗读词语　Read Aloud the Phrases

瓶子　　盒子　　鞋子　　袜子　　本子　　兔子

钥匙　　车钥匙　　门钥匙　　一把钥匙　　办公室钥匙

穿袜子　　脱袜子　　忍不住　　来不及　　发脾气

把书打开　　把笔放下　　把作业写完　　把黑板擦擦

把衣服洗洗　　把垃圾扔了　　把手表卖了　　把钱包丢了

二、语素练习 Morpheme Exercise

1. 饮 (yǐn，drink, drinking) 饮料 冷饮 热饮

   ________饮 饮________

2. 餐 (cān，eating, meal) 早餐 午餐 晚餐

   ________餐 餐________ 餐________

三、选词填空 Choose the Proper Words to Fill in the Blanks

心情 感情 脾气 钥匙 航班 袜子

1. 飞往上海的 G093 次____马上就要起飞了。
2. 如果天气好，那么人的____也会好。
3. 我不小心把自行车____忘在教室里了。
4. 张老师没有对我们发过____，我们都很喜欢她。
5. 听说日本人给朋友送礼物时，可以送____，是吗？
6. "爱"和"羡慕"是两种不同的______。

主动 到底 安慰 伤心 也许 否则

7. 我家的小狗死了，全家人都很______。
8. 昨天你说你去旅行，今天你又说不去，你____去不去啊？
9. 我看见我的好朋友心情不好，就去_____她。
10. 我们应该经常给父母打电话，____他们会为我们担心。
11. 他是一个热心人，常常______帮助同学。
12. 她为什么不跟我说话呢？______她没看见我吧。

四、语法练习 Grammar Exercise

（一）把下面句子改写成"把"字句 Adapt the Following Sentences for the 把－sentences

例如： a 我吃包子，b 包子完了。

<u>我把包子吃完了</u>。

1.a 妈妈洗衣服，b 衣服干净了。

____

2.a 我喝杯子里的水，b 杯子里的水没有了。

____

3. a 弟弟放他的书包，b 书包在沙发上了。

____

4.a 请你搬那把椅子，b 椅子到门口。

____

5.a 姐姐放那块蛋糕，b 蛋糕到桌子上了。

____

（二）选择合适的句子填空　Choose the Proper Words to Fill in the Blanks

1. 这张桌子太脏了，你______。（a. 擦擦它吧；b. 把它擦擦吧）

2. 我有新手机了，我想______。（a. 把旧的送给我弟弟；b. 送给我弟弟旧的）

3. 昨天我和朋友去超市，______。（a. 买了一些水果；b. 把一些水果买了）

4. 这是我们俩的秘密（mìmi, secrete），你不要_____。（a. 把这件事告诉别人；b. 告诉别人这件事）

5. 这些东西我不用了，现在我_____。（a. 扔出去它们；b 把它们扔出去）

6. 那个水果不干净，你_____再吃。（a. 把它洗洗；b. 洗洗它）

（三）看图造句，注意使用“把”字句　Make the 把 –sentences According to the Following Pictures

1.________________________________擦

2.________________________________扔

3.________________________________打

4.________________________________放

5.________________________________卖

6.________________________________借

五、阅读理解 Reading Comprehension

老王从来不帮助妻子做家务。妻子生日那天晚上，老王对妻子说："今天是你的生日，不用洗碗了。"妻子高兴地亲了老王一口，说："太好了！谢谢老公！"老王说："留着明天再洗吧。"

1. 妻子为什么亲老王？（　　）

   A. 今天是他的生日　　B. 老王洗碗了

   C. 老王让她休息　　D. 老王明天洗碗

2. 你觉得老王是个好丈夫吗？

六、排列顺序 Order the Sentences

1. A: 你微笑他也微笑，你热情他也热情

   B: 就像站在镜子前面，看镜子里面的人

   C: 尊重别人的人，才会得到别人的尊重　　________________________

2. A: 其实有些笔画少的汉字也容易写错

   B: 因为它们笔画少人们常常不太认真记

   C: 根据经验，人们觉得笔画多的汉字容易写错　　________________________

3. A: 再往前走二三百米

B: 你过了这家超市

C: 就能看到中国银行了 ____________________

七、课堂活动 Classroom Activities

处理旧东西 Dispose of These Old Things

你的朋友要搬家了，家里有很多不需要的旧东西，他跟你商量旧东西应该怎么处理，至少要用四种不同的处理方法，方法越多越好。房间里有垃圾桶、词典、中文书、水果、画儿、自行车、电视机、床、洗衣机、盘子、碗、衣服等。

八、根据偏旁，写出不同的汉字 Write down Different Characters According to the Following Chinese Character Components

月：服

________ ________ ________

木：机

________ ________ ________

口：唉

________ ________ ________

第十四课

今天真倒霉

生词 New Words

1	烦恼	fánnǎo	形、名	to be upset, trouble	不要烦恼、有很多烦恼
2	郁闷	yùmèn	动	to depress	很郁闷、真郁闷
3	倒霉	dǎoméi	离、形	unlucky	真倒霉
4	被	bèi	介	by	被打了、被他骗了
5	撞	zhuàng	动	to bump	被撞倒了、撞墙上了
6	向	xiàng	介	to, towards	
7	道歉	dàoqiàn	离	to apologize	向我道歉
8	态度	tàidù	名	attitude	态度很好
9	取款机	qǔkuǎnjī	名	ATM	哪儿有取款机
10	结果	jiéguǒ	名	result	有结果、好结果
11	偷	tōu	动	to steal	偷东西、偷车

12	哎呀	aiyā	叹	ah, oh	
13	只好	zhǐhǎo	副	have to	
14	竟然	jìngrán	副	unexpectedly	
15	值得	zhídé	动	to be worth doing	值得看、值得学习
16	同情	tóngqíng	动	to sympathize	同情你、值得同情

课　文　Text

（一）今天真倒霉

（在办公室）

李小英：　王汉，今天怎么了？看你这么烦恼，这么郁闷。

王　汉：　别提了，今天特别倒霉，什么事儿都不顺利！

李小英：　是吗？遇到什么倒霉事儿了？

王　汉：　上午骑车去银行取钱，过马路的时候，我差点儿被一辆汽车撞上，吓得我出了一身冷汗。那个司机不但不向我道歉，还怪我不看路！

李小英：　有些司机就这样，车开得不好，态度还很差。

王　汉：　这还没完，取钱时，银行卡被取款机吃进去了！本来想省时间，结果却浪费了很长时间！取了钱从银行出来，又发现我的自行车被人偷走了。

李小英：　哎呀，那你打电话告诉警察了吗？

王　汉：　我报警了，不过，警察也不能马上把我的自行车找回来啊。没办法我只好走着回来了。

李小英：　这么远的路，你竟然走着回来的啊。你今天是够倒霉的，值得同情。来，喝杯热咖啡吧。

生　词　New Words

17	诚实	chéngshí	形	honest	很诚实、诚实的人
18	善良	shànliáng	形	kindhearted	很善良、善良的女孩儿
19	嘴	zuǐ	名	mouth	一张嘴、张开嘴、闭嘴

20	笨	bèn	形	clumsy, stupid	手笨、嘴笨、真笨
21	解释	jiěshì	动	to explain	给大家解释一下儿
22	批评	pīpíng	动	to blame	批评他、被老师批评
23	受不了	shòubuliǎo		can't stand	受不了她的脾气
24	完全	wánquán	副	totally	完全同意、完全正确
25	误会	wùhuì	动、名	to misunderstand, mistake	别误会、产生了误会

课　文　Text

（二）他被误会了

李康是个好人，诚实善良，脾气也不错，但是嘴比较笨，常常说错话。有一次，他在家里请客，等了很久，只来了三个客人。李康说："应该来的不来。"第一个客人听了，心里有点儿不高兴，于是，他离开了。李康很着急，又说："唉，不该走的走了！"第二个客人听了，也走了。李康更着急了，马上向第三个客人解释："我不是说他们的！"第三个客人也起身走了。李康的妻子忍不住批评他："你也太笨了，真让人受不了！几个客人都被你说走了！"李康说："他们完全没听懂我的意思，他们都误会了！"

注　释　Notes

一、差点儿 +VP

几乎要造成某个结果，但是那样的结果没有出现。

This phrase indicates that some results nearly happened but didn't actually happen.

（1）过马路的时候，我差点儿被一辆汽车撞上。

（2）今天来上班，我差点儿忘了带钥匙。

（3）听了他说的话，我们差点儿笑出声来。

二、真让人受不了！（受不了 +NP）

不能忍受某人或事物。

This phrase indicates that somebody or something can't be endured.

（1）我真受不了她的坏脾气！

（2）常常抽烟的人身上有烟味儿，我受不了那个味儿。

（3）这儿声音太吵了，真让人受不了。

三、忍不住 +VP

无法控制地想做某事或者做出了某事。

This phrase means "cannot help doing something or having done something".

（1）看到妈妈病得很厉害，她忍不住哭了。

（2）旁边的女人很漂亮，我忍不住多看了几眼。

（3）李康又说错了话，他妻子忍不住批评了他。

课文理解 Text Comprehension

一、根据课文（一）回答问题 Answer the Following Questions According to Text（一）

（1）王汉今天上午去哪儿了？

（2）王汉为什么吓得出了一身冷汗？

（3）王汉的银行卡怎么了？

（4）王汉是怎么回来的，为什么？

二、根据课文（二）回答问题 Answer the Following Questions According to Text（二）

（1）李康请的客人都来了吗？

（2）第一个客人为什么有点儿不高兴？

（3）第二个客人为什么也走了？

（4）李康的妻子为什么批评他？

（5）李康是一个什么样的人？

三、根据课文(一)填空 Fill in the Blanks According to Text(一)

上午王汉骑车去银行取钱，过马路的时候，他______被一辆汽车______上，那个司机不但没有向王汉______，还______他不看路。取钱时，他的银行卡被取款机______了。取了钱从银行出来，又发现他的自行车被人______走了，没办法他______走着回来了。王汉今天很______，他很______。

四、根据课文(二)填空 Fill in the blanks according to text(二)

李康是好人，但是嘴比较______。有一次家里______，他说了两句错话，两个客人______了他的意思，都不高兴地走了。李康想向第三个客人______，结果第三个客人也______他说走了。

语 法 Grammar

"被"字句 (Bèizìjù, The Bei Sentences)

肯定式 Affirmative Form

S +	被 +	(sb./sth.) +	V +	其他成分
(1)我的自行车	被	人	偷	走了。
(2)迈克	被	老师	批评	哭了。
(3)我的新手机	被	弟弟	玩	坏了。
(4)哎呀，我刚洗的衬衫就	被		弄	脏了！
(5)盘子里的鱼	让/叫	小猫	吃	光了。

否定式 Negative Form

S +	没 +	被 +	(sb./sth.) +	V +	其他成分
(1)放心吧，我	没	被		撞着。	
(2)还好，刚才你玩手机	没	被	老师	看见。	

错句 Wrong Sentences

*(1)因为没有写完作业，妹妹被爸爸批评。

*(2)我被他已经骗了两次了。

*(3)你让妈妈别发现就好。

*(4)迈克叫批评了。

总结 Summary

"被"字句主要表示"某人或者某东西受到一个动作的影响，它的状态发生了某种变化"。这个"影响"或"变化"常常是不好的、说话人不喜欢的。注意：①动词后面要有补语或者"了、着、过"；②"不、没、别、就、已经"等副词应该放在"被"的前面；③"被"后面可以没有宾语，但"叫、让"的后面必须有宾语。

The 被 -sentence indicates that "the status of somebody or something is changed with influence of the action". The "influence" and "change" are usually negative or dissatisfied. Notice: ① The verb predicate of the 被 -sentence is usually followed by complements or "了、着、过". ② Adverb "不、没、别、就、已经" should be put in front of the "被". ③ "被" can be placed directly before the predicate without taking an object, but "叫、让" should be followed by an object.

综合练习 Comprehensive Exercise

一、语音练习 Pronunciation Exercise

(一)朗读后用汉字写出指定的词语 Write down the Pointed Characters after Reading Aloud

1. Nǐ wùhuì wǒ de yìsi le.

( )

2.Nǐ zuòcuò le, jiù yīnggāi dàoqiàn.

( )

3. Rúguǒ nǐ yǒu shénme fánnǎo,jiù gàosù wǒ ba.

( )

4. Qǐng nǐ jiěshì yíxià zhège cí de yìsi.

( )

5. Tā xuéxí tàidù hěn rènzhēn.

( )

6.Zhè wèi lǎorén hěn shànliáng.

( )

(二)朗读词组和句子 Read Aloud the Phrases and Sentences

完全正确(zhèngquè,correct)　　完全同意　　完全不对

忍不住笑了　　忍不住想哭　　忍不住说了出来

差点儿迟到　　差点儿感冒　　差点儿被骗了　　差点儿被撞倒

该来的不来,不该走的走了。

取款机吃了银行卡,银行卡进了取款机,银行卡被取款机吃进去了。

二、语素练习 Morpheme Exercise

机(jī,machine):录音机　电视机　洗衣机

________机　________机　________机

电 (diàn,electricity):电脑　电视　电影

电________　电________　电________

三、选词填空 Choose the Proper Words to Fill in the Blanks

批评　误会　值得　善良　解释　同情

1. 大家都很______这个孩子,因为他的爸爸妈妈都死了。
2. 请你别______,刚才我的话是开玩笑的,不是认真的。
3. 那个电影很精彩,______去看。
4. 爸爸脾气很好,他很少______我们。
5. 妹妹很______,她常常帮助有困难的人。
6. 老师又给我______了一遍,我才听懂。

撞　嘴　笨　偷　结果　竟然

7. 听说迈克被汽车______伤了,住进了医院,是真的吗?
8. 医院的检查______出来了吗?爷爷得了什么病?

9. 王经理刚买的汽车就被人______走了。

10. 我的______很疼，现在不能说话。

11. 你的朋友太厉害了，______会说 5 种语言！

12. 不是因为我嘴______，是这个音太难发了。

四、语法练习 Grammar Exercise

（一）把下面句子改写成“被”字句 Adapt the Following Sentences for the 被 – Sentences

例如：a 我的新书脏了，b 是弟弟弄的

我的新书被弟弟弄脏了。

1.a 迈克到办公室了，b 是老师叫他去的

____

2.a 我的电脑坏了，b 是同屋（roommate）弄坏的

____

3.a 这个房间很乱，b 是孩子们弄乱的

____

4.a 我糊涂了，b 是这个问题弄的

____

5.a 孩子瘦了，b 是因为饿的

____

（二）组句 Construct Sentences

1. 被　又　我　他　骗了

____

2. 他们　发现了　被　秘密　我的

____

3. 桌子　又被　弄脏了　你　我刚擦干净的

____

4. 刚才　被汽车　差点儿　那个老人　撞倒

____

5. 垃圾桶里了　　被　　那么好的苹果　　扔到　　竟然

____

6. 差点儿　　被他　　我　　气死　　没

____

（三）判断正误，错误的句子请改正　Judge the Following Sentences, and Correct the Incorrect Sentences

1. 女朋友被我每天都想。　　（　　）
2. 取款机被银行卡吃进去了。　　（　　）
3. 今天上午我差点儿迟到了。　　（　　）
4. 听了他的话，妹妹笑忍不住了。　　（　　）
5. 这个字被没有写错。　　（　　）
6. 我把这些啤酒喝得完。　　（　　）
7. 这件事叫知道了可不好。　　（　　）
8. 那三位客人都被李康说走了。　　（　　）

（四）课堂活动　Classroom Activities

想一想，你或者你的朋友遇到过什么倒霉的事儿，想2~3件，然后用完整的句子写出来。写完后，老师选几个写得好的同学念给大家听。

五、阅读理解　Reading Comprehension

老师问："小明，看得见黑板吗？"小明回答："看得见。"老师问："那你怎么不写笔记（bǐjì，note）？"小明说："黑板挺大的，看得见；字是什么样我就看不清楚了。"然后他被老师批评了一顿。

1. 小明被老师批评了一顿，是因为他（　　）。

　A. 看不见黑板　　B. 不写笔记

　C. 看不清楚字　　D. 不好好儿回答问题

2. 你觉得老师应该批评小明吗？为什么？

六、排列顺序　Order the Sentences

1. A: 也许就能给人带走烦恼

　B: 一句温暖的话

　C: 带来一天的好心情　　______________________

2. A: 爸爸喜欢坐在沙发上

B: 当做完一天的工作回到家的时候

C: 一边喝茶一边看报纸 ______________________

3. A: 姐姐从小就想当一名医生，这样可以帮助别人

B: 现在她决定一定要找一个医生结婚

C: 可是后来她没有当成医生 ______________________

七、根据偏旁，写出不同的汉字 Write down Different Characters According to the Following Chinese Character Components

是：题

__________ __________ __________

耳：取

__________ __________ __________

宀：家

__________ __________ __________

第十五课

看京剧

生　词　New Words

1	大厅	dàtīng	名	lobby	营业大厅、一楼大厅
2	海报	hǎibào	名	poster, playbill	一张海报
3	广告	guǎnggào	名	advertisement	电视广告、广告节目
4	内容	nèiróng	名	content	广告内容、课文内容
5	首都	shǒudū	名	capital	中国首都、首都北京
6	剧场	jùchǎng	名	theatre	小剧场、大剧场
7	爱情	àiqíng	名	love, affection	爱情故事
8	浪漫	làngmàn	形	romantic	很浪漫、浪漫的爱情
9	有趣	yǒuqù	形	interesting	真有趣、有趣的故事

课　文　Text

(一)一楼大厅贴着一张京剧海报

李　静：安娜，今天一楼大厅贴着一张京剧海报，你看见了吗？

安　娜：我看见那儿有一个很漂亮的广告，但是我看不懂上面的内容。

李　静：那是介绍京剧节目的海报，这个周六首都剧场有京剧演出。我们一起去看看，怎么样？

安　娜：是什么节目，有意思吗？

李　静：节目叫《梁祝》，是中国很有名的爱情故事，很浪漫，也很有趣。

安　娜：在哪儿买票？

李　静：不用买票，是免费送票，我们可以去办公室拿。

安　娜：那太好了！我们一起去看吧。演出几点开始？

李　静：晚上七点。

安　娜：我们六点半出发，可以吗？

李　静：六点半有点儿晚，我们再提前十分钟吧。

安　娜：好，到时候我去找你。

生　词　New Words

10	相爱	xiāng'ài	动	to fall in love	他们俩相爱了
11	父亲 母亲	fùqīn mǔqīn	名	father mother	
12	嫌	xián	动	to dislike	嫌脏、嫌累、嫌麻烦
13	穷	qióng	形	poor	穷人、家里很穷
14	痛苦	tòngkǔ	名、形	pain, suffering	他的痛苦、痛苦的表情
15	不久	bùjiǔ	名	before long	过了不久、不久就回来
16	舞台	wǔtái	名	stage	舞台上、大舞台
17	蝴蝶	húdié	名	butterfly	一只蝴蝶、白蝴蝶

18	代表	dàibiǎo	动、名	to stand for, representative	
19	打扮	dǎbàn	动	to dress up	打扮得很漂亮、喜欢打扮
20	深深	shēnshēn	副	deeply	深深地爱上了
21	吸引	xīyǐn	动	to attract	吸引注意、吸引顾客
22	随着	suízhe	介	along with	
23	发展	fāzhǎn	动、名	to develop, development	发展很快、有很大发展
24	愉快	yúkuài	形	pleasure, happy	愉快地接受、聊得很愉快
25	湿润	shīrùn	形	wet, moist	空气很湿润
26	感动	gǎndòng	动	to touch, to move	被感动了、很感动
27	流泪	liúlèi	离	to weep, to shed tears	流下了眼泪、流着泪说
28	鼓掌	gǔzhǎng	离	to applaud	鼓掌欢迎、鼓鼓掌
29	感谢	gǎnxiè	动	to thank	非常感谢、感谢大家
30	印象	yìnxiàng	名	impression	好印象、留下印象
31	生病	shēngbìng	离	to fall ill	生了一次病、生过病

课　文　Text

(二)看京剧

昨天中国同学邀请我去首都剧场看了一场京剧。我们是差十分七点到剧场的。剧场外面停着很多汽车，剧场门口站着两个工作人员。我们进到剧场以后，刚坐下一会儿，演出就开始了。

节目的内容是一个浪漫的爱情故事，讲的是一对年轻男女相爱了，可是女孩儿的父亲嫌男的家里穷，反对他们结婚。男的很痛苦，生病死了。女孩儿很伤心，不久也死了。最后，舞台上飞出了两只美丽的蝴蝶，蝴蝶代表男孩子和女孩子永远不变的爱情。演员们打扮得很漂亮，表演很精彩，观众被深深地吸引了。随着故事的发展，观众一会儿轻松愉快，一会儿伤心难过，很多人眼睛都湿润了，有的人感动得流下了眼泪。演出结束后，观众都站起来鼓掌感谢演员们精彩的表演。

这场演出给我留下了非常深的印象，以后如果有机会，我还要去看。

注　释　Notes

到时候

到了将来的那个时间（做某事），不能表示过去的时间。

This phrase indicates that (do something) at the time in the future, and never indicates the time in the past.

（1）你星期天要回国，到时候我送你去机场吧。

（2）你现在不认真准备考试，到时候怎么能考出好成绩？

（3）下星期我们要举行新生欢迎会，到时候你表演一个节目吧。

课文理解　Text Comprehension

一、根据课文（一）回答问题　Answer the Following Questions According to Text（一）

（1）安娜说的"一个很漂亮的广告"是什么？

（2）那张海报是介绍什么的？

（3）演出在哪里举行？演出的节目是什么？

（4）在哪儿可以买到京剧票？

（5）她们打算什么时间出发？

二、根据课文（二）回答问题　Answer the Following Questions According to Text（二）

（1）昨天她们是几点到首都剧场的？

（2）剧场外面有什么？门口站着什么人？

（3）节目的内容是什么？

（4）蝴蝶代表什么？

（5）演员的表演怎么样？

三、根据课文（一）填空　Fill in the Blanks According to Text（一）

今天一楼大厅贴着一张京剧海报，根据海报的______，这个星期六晚上七点首都______有______演出，演出的节目叫《梁祝》。《梁祝》是中国很有名的______故事，故事很______，也很______。不用买票，是______送票，需要的同学可以去拿。安娜和李静打算______，她们决定六点二十分______，______安娜去找李静。

四、根据课文（二）填空　Fill in the Blanks According to Text（二）

昨天中国同学邀请我去首都剧场看了一场京剧。节目的内容是一个______的爱情故事，讲的是一对年轻男女______了，可是女孩儿的父亲反对他们结婚，因为男孩儿家里很______。男孩儿很痛苦，生病死了。女孩儿很伤心，______也死了。最后，舞台上飞出了两只美丽的蝴蝶，蝴蝶______男孩子和女孩子永远不变的爱情。

演员们表演得很______，观众被深深地______了。______故事的发展，观众一会儿轻松愉快，一会儿伤心难过，很多人眼睛都______了，有的人______得流下了眼泪。演出结束后，观众都站起来______感谢演员们精彩的表演。这场演出给我留下了非常深的______。

语　法　Grammar

存现句　(cúnxiànjù，Existential Sentences)

S_{place} + V（着／了） + $O_{sth./sb.}$

（1）大厅里　　贴着　　一张京剧海报。

（2）剧场外面　　停着　　很多汽车。

（3）剧场门口　　站着　　两个工作人员。

（4）我们班　　来了　　一个新同学。

（5）商店里　　丢了　　一辆自行车。

错句　Wrong Sentences

*（1）教室里坐着迈克。

*（2）桌子上放着我的书。

*（3）床上睡觉着一个孩子。

*（4）体育场上跑步着很多学生。

总结　Summary

存现句表示某个地方存在着某些人或者某些东西，某个地方出现了、消失了某些人或者某些东西。注意：①主语是一个表示地方的词语；②宾语常常是“数 + 量 + 名”形式，不可以是确定的人或者东西；③动词不可以是离合词，如“睡觉、游泳、洗澡、唱歌、跳舞”等。

Existential sentence indicates the existence, appearance or disappearance of something or some person in some places. Note: ① The subject is a word of place. ② The object is usually “num.+mw.+n.”, and it cannot be a definite person or thing. ③ The verb cannot be separable words, such as“睡觉、游泳、洗澡、唱歌、跳舞”etc.

综合练习　Comprehensive Exercise

一、语音练习　Pronunciation Exercise

（一）朗读后用汉字写出指定的词语　Write down the Pointed Characters after Reading Aloud

1.Zhèlǐ de kōngqì hěn shīrùn.

（　　　）

2.Nàgè xīn diànyǐng hěn xīyǐn rén.

（　　　）

3.Wǒ xiāngxìn zhēnzhèng de àiqíng.

（　　　）

4.Qǐng dàjiā gǔzhǎng huānyíng.

（　　　）

5.Nǐ qù jùchǎng háishì qù jīchǎng?

（　　　）

6.Diànshì shàng chángcháng bōfàng gèzhǒng guǎnggào.

（　　　）

(二)朗读词组和句子 Read Aloud the Phrases and Sentences

京剧海报　漂亮广告

一楼大厅贴着一张京剧海报。

一楼大厅贴着一张漂亮的广告。

京剧海报就是介绍京剧的广告。

二、语素练习 Morpheme Exercise

厅 (tīng, lobby, hall): 餐厅　客厅

________厅　________厅　________厅

台 (tái, stage, stand): 舞台　讲台　柜台

________台　________台　________台　________台

三、选词填空 Choose the Proper Words to Fill in the Blanks

印象　感动　浪漫　感谢　代表　打扮

1. 他们的爱情故事,让很多人______得直流泪。
2. 妈妈每天把孩子______得漂漂亮亮的,非常可爱。
3. 你知道你们国家国旗(guóqí, national flag)上的颜色______什么吗?
4. 那个地方我去过两次,给我留下的______很深。
5. 人们说法国首都巴黎(Bālí, Paris)是一个很______的城市。
6. 非常______您帮我找到了我的手机!昨天真把我急坏了。

愉快　发展　内容　首都　吸引　随着

7. 北京是中国的______。
8. 这些年,中国经济______得很快。
9. ______天气越来越冷,很多人都感冒了。
10. 好像发生了什么不______的事情,他们俩都不说话。
11. 这个电视节目的______很有趣,大人小孩儿都喜欢看。
12. 今天这家商店的东西打折,所以______了很多人来这里买东西。

四、语法练习 Grammar Exercise

（一）完成句子 Complete the Following Sentences

1. 沙发上坐着____________________
2. 桌子上放着____________________
3. 姐姐后面站着____________________
4. 黑板上写着____________________
5. 墙上挂着____________________
6. 门外边停着____________________
7. 图书馆里走出来____________________
8. 天上飞过来____________________

（二）组句 Construct Sentences

1. 两张　放着　报纸　那个沙发上

____

2. 一位　他们班　昨天　新老师　来了

____

3. 墙上　一张　对面的　贴着　中国画儿

____

4. 红色的　开过来　前面　一辆　出租车

____

5. 照片　申请表　一张　上　贴着　黑白

____

6. 三本书　书包里　两个本子　和　装着

____

（三）看图造句，注意使用存现句 Make Existential Sentences According to the Following Pictures

1.____挂

2.__________________________________坐

3.__________________________________躺

4.__________________________________帖

5.__________________________________跑

（四）课堂活动　Classroom Activities

介绍你的房间或者你的家是什么样子的，先说一说，然后写下来。

五、阅读理解　Reading Comprehension

因为突然刮大风，一个在沙漠（shāmò，desert）里旅行的人弄丢了他的旅行包，旅行包里装着他吃的东西和水。现在，他口袋里只有一个苹果。他拿着那个苹果在沙漠里走，他很饿，很渴，也很累，但是他不吃那个苹果，他对自己说"我还有一个苹果，我还有一个苹果。"三天以后，他终于走出了沙漠。

1. 旅行的人没有丢什么？（　　）

A. 水　　B. 苹果　　C. 旅行包　　D. 吃的东西

2. 旅行的人为什么能走出沙漠？（　　）

A. 他有钱　　B. 他有车　　C. 他有希望　　D. 他吃了苹果

六、排列顺序　Order the sentences

1. A: 它已经有二百多年的历史了
   B: 不但中国人喜欢,很多外国人也喜欢
   C: 京剧是一种很美的表演艺术 ______________
2. A:"休"由两个部分组成
   B: 所以"休"表示人靠在树上休息的意思
   C: 左边的"亻"代表人,右边的"木"代表树 ______________
3. A: 听到这个消息
   B: 我们班的同学都顺利通过了考试
   C: 老师和同学们都感到特别高兴 ______________

七、根据偏旁,写出不同的汉字　Write down Different Characters According to the Following Chinese Character Components

疒:疗

______ ______ ______

走:赶

______ ______ ______

目:眼

______ ______ ______

第十六课

他们给我留下了很深的印象

生　词　New Words

1	深	shēn	形	deep, impressed	河水很深、很深的印象
2	内	nèi	名	inner, in, within	国内、校内、课内、
3	来得及	láidejí		be able to do sth. in time	来得及吃早饭、没来得及关窗户
4	打招呼	dǎzhāohu		greet	跟他打招呼
5	校园	xiàoyuán	名	campus	校园很大、漂亮的校园
6	困难	kùnnán	名	difficulty	有困难、困难很多
7	记	jì	动	to remember, to write down	记生词、记下电话号码
8	号码	hàomǎ	名	number	房间号码、手机号码
9	麻烦	máfan	动、形	to trouble, bother	麻烦你了、办手续很麻烦
10	友好	yǒuhǎo	形	friendly	对我们很友好
11	表示	biǎoshì	动	to express	向朋友表示感谢
12	为	wèi	介	for, as	为同学们服务
13	送行	sòngxíng	动	to see sb. off	为朋友送行

课　文　Text

（一）他们给我留下了很深的印象

（因为国内的学校有事儿，安娜要提前回国，玛丽来宿舍找她）

玛　丽：　这么冷的天儿，你怎么还开着窗户呀？

安　娜：我刚才换了下空气，还没来得及关上呢。

玛　丽：你在收拾东西啊。这些书都带回去，这个行李箱能装下吗？

安　娜：我看差不多。这些我带走，剩下的是留给你的。

玛　丽：谢谢。时间过得真快呀！我还记得咱们刚到中国那天的事儿呢。

安　娜：我也记得呀。那天，刚走出机场，就遇上了来接咱们的老师和中国朋友。他们热情地跟咱们打招呼，还帮咱们把行李装上车。

玛　丽：一进校门，我就喜欢上了这里，校园很大，也很漂亮。车一直开到宿舍楼前才停下。中国朋友又帮咱们把行李搬上楼，还让咱们记下他们的电话号码，说以后有困难就跟他们联系。

安　娜：这段时间我还真没少麻烦他们。为了练习口语，我经常找他们聊天儿。他们的热情、友好给我留下了很深的印象。真该好好儿谢谢他们。

玛　丽：你也说出了我的心里话！为了表示感谢，今天晚上为你送行的活动，也邀请他们参加，怎么样？

安　娜：好啊！到时候咱们带上相机，跟他们多照几张照片。

生　词　New Words

14	讨厌	tǎoyàn	动	to hate, to dislike	讨厌那个人、很讨厌
15	降	jiàng	动	to drop, to fall	气温降到 0 ℃、降雪
16	叶子	yèzi	名	leaf	叶子绿了、黄色的叶子
17	掉	diào	动	to fall, to drop	叶子掉到了地上、掉光了
18	景色	jǐngsè	名	scenery	景色美丽、漂亮的景色
19	另外	lìngwài	代	in addition, more over, besides	另外一件事、另外三个季节
20	咳嗽	késou	动	to cough	咳嗽得很厉害、咳嗽两天了
21	熊	xióng	名	bear	一只熊
22	摘	zhāi	动	to pick	摘帽子、摘下来
23	雾	wù	名	fog	大雾、下雾、雾很大

课　文　Text

（二）我最讨厌冬天

你最不喜欢哪个季节？我最讨厌的就是冬天了。冬天太冷了，气温降到零下十多度，树上的叶子都掉光了，外面的景色远没有另外三个季节那样好看。

因为天冷，冬天很容易感冒。感冒的时候，会头疼、咳嗽，很难受。为了不让自己感冒，出门以前，我得穿上厚厚的衣服，还得戴上帽子，就像一只大胖熊。回到家里，又得脱下外面的衣服，摘下帽子。不对！得先把眼镜摘下来，因为眼镜上有雾，看不清楚。冬天真是太不方便了！

注　释　Notes

一、刚（just）

（1）刚吃完饭就睡觉对身体不好。

（2）刚学的汉字，你怎么就忘了？

二、跟……打招呼（say hello to somebody）

（1）同学们一进教室就跟老师打招呼。

（2）你跟他打过招呼了吗？

课文理解　Text Comprehension

一、根据课文（一）回答问题　Answer the Following Questions According to Text（一）

（1）玛丽去宿舍找安娜的时候，安娜在做什么？

（2）安娜的书都带回国吗？

（3）玛丽和安娜刚到中国那天，是在哪儿跟接他们的老师、同学见面的？

（4）中国朋友帮了他们什么忙？

（5）玛丽她们对中国朋友的印象怎么样？

（6）她们要怎么感谢中国朋友？

二、根据课文（二）回答问题 Answer the Following Questions According to Text（二）

（1）“我”最讨厌哪个季节？为什么？

（2）冬天，“我”出门以前要做什么？回家以后呢？

三、根据课文（一）填空 Fill in the Blanks According to Text（一）

玛丽和安娜到中国的那天，刚出______就______了来接她们的老师和中国朋友，他们热情地______她俩______，帮她们把行李______，就开车带她们回学校了。

玛丽一进校门，就______了那里，校园很大，也很漂亮。车一直开到宿舍楼前才______。中国朋友不但帮她们把行李______，还让她们______电话号码，说以后有______就跟他们联系。

______练习口语，安娜经常找中国朋友______。他们的______给她留下了______的印象。为了______感谢，安娜她们打算______中国朋友参加晚上______的活动，还想______相机，到时候跟他们多照几张照片。

四、根据课文（二）填空 Fill in the Blanks According to Text（二）

我最______的______是冬天。冬天，气温______到零下十多度，树上的______都______光了，______远没有______三个季节好看。

______天冷，冬天很容易感冒。______不让自己感冒，出门以前，我得穿上______的衣服，还得______帽子，就像一只大胖______。回到家里，得先把______摘下来，还得______外面的衣服，______帽子。冬天真是太不方便了！

语　法 Grammar

一、趋向补语的引申用法（1） The Extended Meanings of the Complement of Direction(1)

V + 上

1. 基本义：通过动作使人或物的位置从低到高

Basic meaning: the location of somebody or something has been changed from low to high through an action.

V + 上 + O_{place}

（1）他　爬　　上了　山顶。

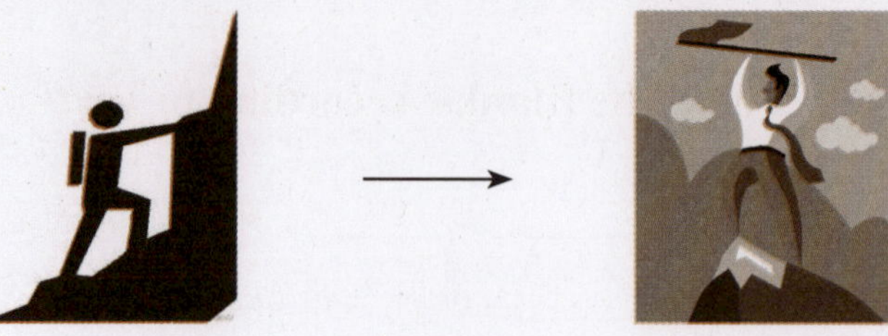

（2）小鸟____了树。

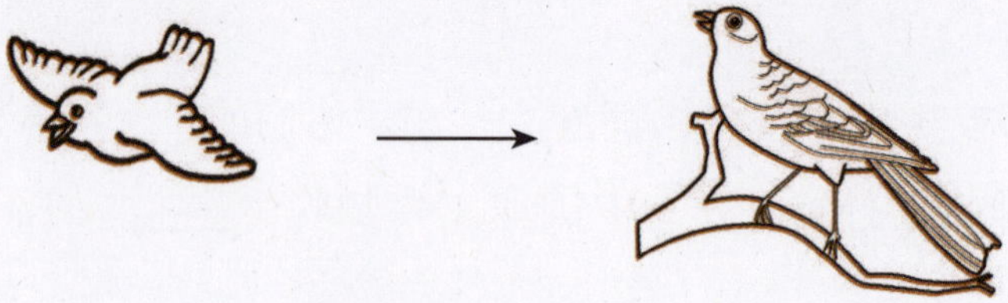

（3）中国朋友帮她们把行李______楼。

2. 引申义　The Extended Meaning

V + 上(+O)

1）表示动作开始并继续

It indicates the start and continuation of an action.

（1）一进校门，我就喜欢上了这里。

（2）刚才你不是说吃饱了吗？怎么又吃上了？

2）表示达到不易达到的目的

It indicates an act has fulfilled its purpose. that is hard to achieve.

(1)经过三年的努力，他终于考上了这所著名的大学。

(2)农民的生活好了，住上了新房，开上了汽车。

(3)他 25 岁到这家公司工作，今年 35 岁，已经______老板了。

V + 下

1. 基本义：通过动作使人或物的位置从高到低

Basic meaning: the location of somebody or something has been changed from high to low through an action.

V + 下 + O_{place}

(1)他睡觉的时候，　掉　下了　床。

(2)人们　走　下　飞机。

2. 引申义　The Extended Meaning

1)表示脱离

It indicates separation.

V + 下 + O

(1)他　脱　下　外面的衣服，摘下帽子。

(2)他　放　下　东西　就出去了。

(3)她从书架上________一本书。

2)表示停止、固定

It indicates stop and being fixed.

V + 下(+O)

(1)车一直开到楼前才　　停　　下。

(2)咱们　　　　　　　　记　　下他们的电话号码。

(3)他们的热情、友好给我 留　　下了很深的印象。

(4)孩子在纸上写______自己的愿望。

V + 出

1. 基本义:通过动作使人或物的位置从里到外

Basic meaning: the location of somebody or something has been changed from inside to outside through an action.

V	+	出	+	O_{place}

（1）老师　走　出　办公室。

（2）玛丽　走　出　房间。

（3）孩子们　跑　出　教室。

从	+	……	+	里/下	+	V	+	出	+	O

（1）她　从　书包　里　拿　出　一本汉语书。

（2）我　从　床　下　拉　出　一个盒子。

2. 引申义：表示通过动作使某物从无到有，从隐到显

The extended meaning: something comes into being as a result of an action, or something concealed being exposed through an action.

V	+	出	+	O

（1）你　说　出了　我的心里话！

（2）你能　看　出　这两张图　不一样的地方吗？

（3）你能听______她唱的是什么吗？

（4）她想________了一个好主意。

总结　Summary

"V + 上 / 下 / 出"表示基本义时后面必须带表示地方的名词性宾语，"V + 上 / 下 / 出"表示引申义时后面的宾语可以是一般名词。

When "V + 上 / 下 / 出" expresses the basic meaning, it should be followed by nominal object expressing the place. When "V + 上 / 下 / 出" expresses the extended meaning, the following object can be common nouns.

二、"为"和"为了"

S + 为 + O + V

（1）妈妈　　为　　我的好成绩　　高兴了好几天。

（2）谁愿意为我做饭、洗衣服，我就请他吃饭。

为了 / 为……，S……

（1）为了练习口语，我经常找他们聊天儿。

（2）为了不让自己感冒，出门以前，我得穿上厚厚的衣服。

（3）为表示感谢，我今天晚上请她吃饭。

（4）为学好汉语，我______________。

S……是为了……

(1)我来中国是为了学习汉语和中国文化。

(2)安娜每天都上网是为了________。

总结　Summary

“为”和“为了”都可以引进目的,但“为”还可以引进动作的服务对象,意思是“给”,也可引进原因,意思是“因为”。

Both“为”and“为 了”can introduce the purpose. Otherwise“为”can introduce the object of the action, which means“给”,and also can introduce reason, which means“因为”.

“为了+宾语”可以在句首也可以在句中。“……是为了……”结构,“是”前的部分表示手段、方法,“为了”后的部分表示目的。

“为了+object”can be put at the beginning of or in the middle of a sentence. In the structure of“……是为了……”, the part in front of“是”indicates the way or method, and the part behind“为了”indicates the purpose.

综合练习　Comprehensive Exercise

一、语音练习　Pronunciation Exercise

(一)朗读后用汉字写出指定的词语　Write down the Pointed Characters after Reading Aloud

1.Zài nǐmen guójiā, rénmen jiànmiàn zěnme dǎ zhāohu?

(　　)

2.Máfan nǐ bāng wǒ bān yíxià xíngli hǎoma?

(　　)

3.Zài Zhōngguó, hóngsè biǎoshì xǐqìng.

(　　)

4.Wǒ hěn tǎoyàn tā de zuòfǎ.

(　　)

5.Wǒ hái xiǎng wèn nǐ lìngwài yígè wèntí.

(　　　)

6.Xiànzài qù jīchǎng hái láidejí ma?

(　　　)

(二)朗读词组　Read Aloud the Phrases Exercise

吃上饭	开上车	喜欢上汉语
放下书包	记下号码	留下很深的印象
看出错误	找出问题	想出很好的办法
为了学习	为了找工作	
为她送行	为妈妈买礼物	

二、语素练习　Morpheme Exercise

1. 园(yuǎn,outdoor place):校园　　公园　　花园

________园　________园

2. 子(zi,suffix of noun):叶子　　箱子　　桌子

________子　________子

3. 色(sè,color):景色　　颜色　　彩色

________色　________色

三、选词填空　Choose the Proper Words to Fill in the Blanks

来得及　打招呼　友好　表示　送行　咳嗽

1. 飞机还有两个小时才飞了,如果你打车去机场,应该还______。
2. 为了______感谢,今天晚上我请你吃饭。
3. 他感冒了,______得很厉害。
4. 中国朋友对我们很______,见面总是热情地______。
5. 安娜要回国了,朋友们去机场给她________。

困难　讨厌　另外　掉　摘　降

6. 有雾的天气真让人______!

7. 公园里的花不能随便______。

8. 你在中国生活有______吗？

9. 哈尔滨是中国最冷的地方，冬天气温能______到 -30 ℃。

10. 他虽然不老，但已经开始______头发了。

11. 我原来的词典丢了，所以又______买了一本。

四、语法练习 Grammar

（一）选词填空 Choose the Proper Words to Fill in the Blanks

爱上 吃上 当上 看出 想出 吃出 留下 坐下 换下

1. 你能______这两个汉字有什么不一样吗？
2. 他的努力给老师们______了很好的印象。
3. 我一来到天津，就______了这座城市。
4. 你能______这个菜是用什么做的吗？
5. 你不是说饱了吗？怎么又______了？
6. 你把________的床单拿去洗了吧。
7. 经过一年的努力工作，他终于______了经理。
8. 这个体育场能______多少人？
9. 我______了一个记住汉字的好办法。

为 为了 因为

10. 我______自己的错误感到抱歉。
11. ______他性格很好，大家都愿意跟他交朋友。
12. 我每天都给家里打电话是______不让家人______我担心。
13. 我们应该______实现自己的理想而努力。
14. 她今天没来上课是______身体不舒服。

（二）用括号里的词语或结构完成句子 Complete Sentences with the Words or Structures in the Brackets

1. 一个小时以后，我们终于______了长城。（V+ 上）
2. 春天来了，人们______了冬装，______了春装。（V + 上 / 下）

3. 你______的要求我们已经答应了。（V+ 出）

4.________________，玛丽每天骑自行车来学校。（为了）

5. 许多留学生________________才来中国学习汉语的。（是为了）

6. 他每天六点就起床______________________。（是为了）

（三）组句 Construct Sentences

1. 这个行李箱　这些书　装下　能　吗

____

2. 他们　打招呼　热情地　跟我们

____

3. 把行李　中国朋友　帮　楼　我们　搬上

____

4. 他们的热情　很深的　留下了　给我　印象

____

5. 为了　聊天儿　经常　跟他们　练习口语　我

____

6. 我们　送行　为朋友　今天晚上

____

（四）课堂活动 Classroom Activities

1. 四人一组，每人都介绍一下到中国那天的情况，尽量用上本课所学的词语或语法结构：V+ 上 / 下 / 出；为 / 为了。

2. 四人一组，先分别介绍一下自己国家的季节，说说自己最喜欢或讨厌哪个季节，并说明原因，然后由一名同学向全班介绍。

五、排列顺序 Order the Sentences

1. A: 安娜为了练习口语
   B: 他们的热情、友好给她留下了很深的印象
   C: 经常找中国朋友聊天儿 ____________________

2. A: 到了宿舍，他们又把行李搬上楼
   B: 中国朋友到机场接上玛丽和安娜
   C: 他们把玛丽和安娜的行李装上车 ____________________

3. A: 冬天，北方的气温降到零下十多度

B: 所以我最讨厌冬天

C: 因为天冷，我很容易感冒 ______________________

4. A: 跟中国人聊天儿是学习汉语的一种好方法

B: 安娜来中国以后，交了很多中国朋友

C: 她的汉语水平提高得很快 ______________________

5. A: 他们来到中国学习汉语

B: 为了更好地了解中国社会和中国文化

C: 以后他们想找一个用汉语的工作 ______________________

六、阅读理解 Reading Comprehension

很多人不喜欢冬天，觉得冬天太冷了，树上的叶子都掉光了，北风刮得人脸很疼，出门的时候要穿上厚厚的衣服，很麻烦。但我喜欢冬天，特别是北方寒冷的、下雪的冬天。因为冬天的寒冷，让我对“热”的感受更深。路边热乎乎的烤（kǎo,roast）地瓜（sweet potato），现做现卖的冰糖葫芦（bīngtáng húlu,candied haws），营养美味的涮 (shuàn,instant-boil) 羊肉，看着心里就暖暖的。

冬天是团聚的季节。我小时候最开心的就是过年了，穿上新衣服，一家人聚在一起包饺子、吃年夜饭，非常热闹。

冬天的雪景美极了！整个世界都变成了白色的。约上三五个朋友出来打雪仗（dǎ xuězhàng，have a snowball fight），堆雪人 (duī xuěrén,make a snowman)，虽然手和脸都冻得红红的，但一点儿也不觉得冷。

冬天是给我留下了最多美好印象的季节，它的美与众不同，我爱冬天。

1.“我”喜欢冬天，是因为（　　）。

A. 冬天太冷了　　B. 冬天可以包饺子

C. 冬天的美与众不同　　D. 冬天穿新衣服

2. 下面哪一项不是冬天特有的？（　　）

A. 打雪仗　　B. 堆雪人　　C. 包饺子　　D. 吃冰糖葫芦

七、根据偏旁，写出不同的汉字 Write down Different Characters According to the Following Chinese Character Components

氵:深

________ ________ ________

阝:降

________ ________ ________

⻗:雾

________ ________ ________

第十七课

你今天怎么迟到了

生　词　New Words

1	肚子	dùzi	名	abdomen	肚子疼、拉肚子
2	半夜 夜	bànyè yè	名 名	midnight night	都半夜了、学习到半夜
3	趟	tàng	动量	indicating trip or trips made	去一趟北京
4	卫生间	wèishēngjiān	名	bathroom	卫生间很干净、去一趟卫生间
5	药	yào	名	medicine	一片药、吃药
6	闹钟	nàozhōng	名	alarm clock	上闹钟、闹钟响了
7	响	xiǎng	动	to make a sound	手机响了、响起来
8	困	kùn	形	sleepy	很困、困得睁不开眼
9	接着	jiēzhe	动	to continue	接着吃、接着学
10	不得不	bùdébù		have to	不得不来、不得不起床

11	挤	jǐ	动、形	to crowd, crowded	挤公交车、挤不上去
12	倒	dào	副	on the contrary	吃得多倒瘦了、 坐出租倒迟到了
13	赶	gǎn	动	to catch up with	赶飞机、赶得上、赶不上

课　文　Text

（一）你今天怎么迟到了

（课间休息时，阿里来到大卫的座位旁边）

阿　里：大卫，你今天怎么迟到了？

大　卫：唉，别提了！说来话长啊。

阿　里：怎么回事儿？

大　卫：昨天我把肚子吃坏了，半夜就开始拉肚子，一会儿就跑一趟卫生间，拉得我都站不起来了。

阿　里：这么严重呀！你怎么没给我打电话？我可以陪你去医院啊。

大　卫：打了，可怎么也打不过去。没办法，我只好自己找了点儿药吃。

阿　里：我手机可能没电了。那你吃完药就睡觉了？

大　卫：没睡一会儿，闹钟就响了。我困得实在爬不起来，就接着睡了。等睡醒一看，都快八点了。我还有点儿难受，饭也吃不下去。我本来不想来了，可今天有考试，不得不来。

阿　里：你还是骑车来的吗？你拉肚子，又没吃早饭。

大　卫：我是想骑车，可车钥匙找不到了；公交车人又多，我挤不上去，只好坐出租车了。

阿　里：坐出租车怎么倒迟到了呢？

大　卫：你不知道，离学校大概还有两公里的时候，堵车了。车开不过来，我是走过来的，累得我腿都抬不起来了。

阿　里：怎么倒霉事儿都让你遇上啦！你现在吃得下去饭了吗？我去给你买点儿吃的吧。

大　卫：快考试了，你赶得回来吗？还是等考完再说吧。

生 词 New Words

14	原来	yuánlái	副	turn out to be	原来你也在这里、原来这是一个梦
15	着火	zháohuǒ		to catch fire	大楼着火了、宿舍着了一把大火
	火	huǒ	名	fire	
16	到处	dàochù	副	everywhere	到处都是自行车
17	烟	yān	名	smoke	屋里到处都是烟
18	敲	qiāo	动	to knock, to beat	敲门、敲桌子
19	喊	hǎn	动	to shout	大声喊、喊名字
20	冷静	lěngjìng	形	calm, sober	冷静的人、冷静下来
21	转	zhuǎn	动	to change, to shift	转身、向后转
22	阳台	yángtái	名	balcony	站在阳台上、阳台养着很多花
23	推	tuī	动	to push	推门、推开窗户
24	尽管	jǐnguǎn	连	although	
25	危险	wēixiǎn	形	dangerous	太危险了、骑摩托很危险
26	梦	mèng	名	dream	做梦、梦醒了

课 文 Text

(二)我家着火了

我家着火了！到处都是烟。房门打不开，我跑不出去了。我用力敲门，可没有人听见；我大声喊，可是嘴好像被堵住了，喊不出声音来，我又着急又害怕。怎么办？"冷静点儿！冷静点儿！"我告诉自己。一转身，我跑到阳台上，从这个窗户爬得出去吗？我用力推开窗户，尽管可以下去，可这是五楼啊！太危险了！要是不小心掉下去，恐怕我再也站不起来了！啊！我真的掉下去了！不过是从床上掉下去的，原来我做了一个梦。

注　释　Notes

一、别提了（don't mention it）

Indicating something or somebody is very unpleasant or annoying.

（1）A：昨天的考试你考得怎么样啊？

B：唉，别提了，才考了 70 分。

（2）A：旅行回来你身体还好吧？

B：别提了，回来的第二天我就感冒了。

二、可怎么也……（but do something in any way）

（1）我记得把手机放在家里了，可怎么也找不到了。

（2）这个生词我都写了 10 遍了，可怎么也记不住。

三、没……一会儿，就……（do something for a very short time, then...）

（1）昨天晚上我没写一会儿作业，我朋友就来找我了。

（2）手机没用一会儿就没电了。

课文理解　Text Comprehension

一、根据课文（一）回答问题　Answer the Following Questions According to Text（一）

（1）昨天晚上大卫怎么了？

（2）大卫去医院了吗？为什么？

（3）今天大卫为什么没在家休息？

（4）大卫是怎么来学校的？为什么迟到了？

（5）阿里去给大卫买吃的了吗？为什么？

二、根据课文(二)回答问题 Answer the Following Questions According to Text(二)

(1)"我"家出什么事儿了?

(2)"我"为什么"又着急又害怕"?

(3)最后"我"去了哪儿?

(4)"我"是从五楼掉下去的吗?

三、根据课文(一)填空 Fill in the Blanks According to Text(一)

昨天我把______吃坏了,半夜拉肚子拉得我都______了。我给阿里打电话,想让他陪我______,可他的电话怎么也______。没办法,我只好自己找了点儿______吃。

吃完药,我就睡觉了。可没睡一会儿,______就响了。我困得实在______,就接着睡了。等睡醒一看,都快八点了。我还有点儿______,饭也______。我本来不想去上课了,可今天有考试,______去。

我想骑车去学校,可车钥匙找不到了;公交车人又多,我______,只好坐出租车去。离学校大概还有两公里的时候,______了。车______,我是走过去的。到了学校,累得我腿都________了。今天真倒霉!

四、根据课文(二)填空 Fill in the Blanks According to Text(二)

昨天晚上我做了个梦,梦到我家______了!______都是烟。房门______,我_______了。我用力_______门,可没有人听见;我大声喊,可是嘴好像被堵住了,_______声音来,我又着急又害怕。一______身,我跑到阳台上,想从窗户______,可又担心要是不小心掉下去,恐怕我再也______了!我醒来的时候发现,自己躺在______,原来我真从______掉下去了。哈哈!

语 法 Grammar

一、可能补语 The Potential Complement（2）

V. + 得 / 不 + 趋向补语

1. 肯定式 Affirmative Form

V + 得 + 趋向 C（+ 吗）

（1）你现在吃得下饭吗？

（2）快考试了，你赶得回来吗？

（3）A：从这个窗户爬得出去吗？

B：爬得出去。

2. 否定式 Negative Form

V + 不 + 趋向 C

（1）房门打不开，我跑不出去了。

（2）堵车了，车开不过来。

（3）我还有点儿难受，饭也吃不下去。

3. 宾语的位置 Position of the Object

1） V + 不 + 上 / 下 / 进 / 出 / 回 / 过 / 起 + O

（1）孩子太小了，自己穿不上衣服。

（2）我看不出这个句子哪儿有问题。

（3）我胃疼，吃不下饭。

2）

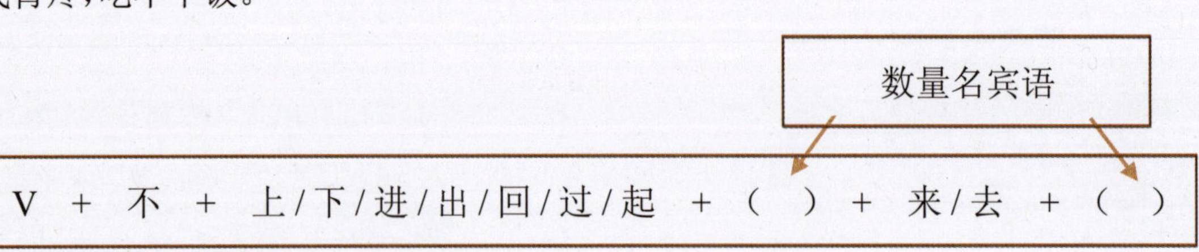

（1）我拿不出五千块钱来。

我拿不出来五千块钱。

(2)这个房间比较小，放不进去两张床。

这个房间比较小，放不进两张床去。

3） | V + 不 + 上/下/进/出/回/过/起 + O(非数量名) + 来/去 |

(1)我喊不出声音来。

(2)今天走了很多路，太累了，我都抬不起腿来了。

总结 Summary

“V+得/不+趋向补语”表示是否有可能实现某种趋向。肯定式用得比较少，而且多用于问答中；否定式用得较多。

“V+得/不+complement of direction”expresses whether or not the action will possibly reach the direction. The Affirmative form is rarely used, and usually used in answer questions; the negative form is mostly used.

如果趋向补语是复合趋向补语(上来、下去、进来、过去、出来……)，宾语是“数—量—名”短语时，可以位于复合趋向补语之间，也可以位于其后；宾语不是“数—量—名”短语时，只能位于复合趋向补语之间。

If the complement of direction is compound complement of directions(上来、下去、进来、过去、出来……), when the object is a“num.+mw.+n.”phrase, the object can be put in the middle of, or behind the compound complement of directions; when the object is not a“num.+mw.+n.”phrase, it just can be put in the middle of the compound complement of directions.

二、尽管……，可…… although...

(1)尽管他买了不少书，可看过的却不多。

(2)尽管身体不舒服，可大卫还是来考试了。

(3)尽管中国菜很好吃，可我还是更喜欢吃自己家乡的菜。

(4)尽管网上购物很方便，可我还是____________。

（5）尽管我们爱好不一样，______________。

综合练习 Comprehensive Exercise

一、语音练习 Pronunciation Exercise

（一）朗读后用汉字写出指定的词语 Write down the Pointed Characters after Reading Aloud

1.Jīntiān wǒ lā dùzi le，zhēn nánshòu.

（ ）

2.Qǐngwèn，wèishēngjiān zài nǎr?

（ ）

3.Zǎoshang wǒ qǐdézǎo，shàngkè de shíhou hěn kùn.

（ ）

4.Xiàoyuán lǐ dàochù dōu shì zìxíngchē.

（ ）

5.Yùdào wèntí de shíhou yào lěngjìng.

（ ）

6.Wǒde zìxíngchē méi qì le，bùdébù tuīzhe zǒu.

（ ）（ ）

7.Mǎlù shang chē duō，hěn wēixiǎn.

（ ）

（二）朗读词组 Read Aloud the Phrases

站不起来	吃不下去
挤不上去	开不过来
赶得回来	爬得出去
吃得下去	喊不出声来

二、语素练习 Morpheme Exercise

1. 半(bàn,half):半夜　半天　两半

________半　________半

2. 间(jiān,room):卫生间　洗手间　房间

________间　________间

3. 台(tái,platform):阳台　舞台　站台

________台　________台

三、选词填空 Choose the Proper Words to Fill in the Blanks

趟　响　挤　困　接着

1. 都这么晚了,你怎么还不睡觉,你不________吗?
2. 昨天你的故事没讲完,现在请________讲吧。
3. 上午我去了________超市,买了两个面包。
4. 圣诞节那天,马路上太________了!
5. 你的音乐太________了,请关小点儿声好吗?

赶　敲　转　推　冷静

6. 在你进别人的房间以前,应该先________门。
7. 请大家________一下,我们应该好好儿想一想再做决定。
8. 晚会 6 点开始,你________得过来吗?
9. 我在路上走着,一________身就看到了他。
10. 我________了一下门,但是门没开。

四、语法练习 Grammar Exercise

(一)替换练习 Substitution drills

1. 你 吃 得 下去饭 吗?

喝	下去药
拿	出来钱
提	出来建议
打	过去电话

2. 我的嘴好像被堵住了, 喊 不 出声音来。

那道题太难了,	我想	出答案来
这个句子,	他找	出错误来
这地方太小了,	玛丽转	过身来
正是下班的时间,	我挤	上车去

(二)用"尽管……,可……"把A、B两组句子连成一句话 Link up Sentence A and Sentence B by"尽管……,可……"

A	B
1. 他有很多钱	他的汉语说得还不流利
2. 她吃得很多	今天天气很冷
3. 阿里来中国一年多了	他真的幸福吗
4. 今天没有风	她一点儿也不胖
5. 他的房间不大	他的身体还没好起来
6. 他吃了很多药	东西放得一点儿也不乱

(三)完成句子 Complete Sentences

1. 尽管我跟他解释了半天,________________。
2. 尽管已经是春天了,________________。
3. 尽管汉语很难学,________________。
4. 尽管来中国以前我做了很多准备,________________。
5. 尽管________________,可我愿意跟中国人聊天儿。

6. 尽管＿＿＿＿＿＿＿＿＿＿＿＿，可我过得很愉快。

7. 尽管＿＿＿＿＿＿＿＿＿＿＿＿，他们俩还是结婚了。

（四）根据所给情景，用"V + 得 / 不 + 趋向补语"编对话　Make Dialogues with "V + 得 / 不 + Complement of Direction" According to the Given Situation

例：老师让同学们背一篇 500 字的课文。（下来）

同学 A：这篇 500 字的课文你背得下来吗？

同学 B：课文太长了，我恐怕背不下来。

同学 C：课文已经学完了，再多读几遍，我想背得下来。

1. 一座高 800 米的山，要求一个小时爬到山顶。（上去）

   运动员 A：＿＿＿＿＿＿＿＿＿＿＿＿？

   运动员 B：＿＿＿＿＿＿＿＿＿＿＿＿。

2. 老板让学了一年汉语的大卫把《西游记》翻译（fānyì，translate）成英语。（出来）

   大卫的同事：＿＿＿＿＿＿＿＿＿＿＿＿？

   大卫：＿＿＿＿＿＿＿＿＿＿＿＿。

3. 周末，妈妈一个人又要洗衣服，又要收拾房间，还要做饭，忙死了。（过来）

   女儿：＿＿＿＿＿＿＿＿＿＿＿＿？

   妈妈：＿＿＿＿＿＿＿＿＿＿＿＿。

4. 听说昨天的电影很没有意思，很多人没看完就从电影院出来了。（下去）

   玛丽：＿＿＿＿＿＿＿＿＿＿＿＿？

   安娜：＿＿＿＿＿＿＿＿＿＿＿＿。

5. 我的衣服上有一片油，我拿到洗衣店去洗。（下去）

   我：＿＿＿＿＿＿＿＿＿＿＿＿？

   店员：＿＿＿＿＿＿＿＿＿＿＿＿。

（五）组句　Construct Sentences

1. 昨天　我　肚子　吃坏　把　了

＿＿＿＿＿＿＿＿＿＿＿＿＿＿＿＿

2. 我　难受　肚子　吃不下　得　饭

＿＿＿＿＿＿＿＿＿＿＿＿＿＿＿＿

3. 迟到　坐出租车　倒　怎么　呢　了

＿＿＿＿＿＿＿＿＿＿＿＿＿＿＿＿

4. 好像　　堵住了　　声音　　我的嘴　　被　　喊不出来

____

5. 他　　自己　　一点儿药　　找　　只好　　吃　　了

____

6. 尽管　　可　　睡醒了　　爬不起来　　累得　　实在　　他

____

（六）课堂活动　Classroom Activities

老师准备写有动作要求的卡片，如走出教室去、把粉笔吃下去、把黑板上的字读出来……，请一位同学根据卡片提示到前面做动作，另一位同学用"V＋得＋趋向补语"提问，第三位同学回答。例如：A 同学拿到卡片"走出教室去"，但是教室的门关着，B 同学问：他走得出去吗？C 同学答：走不出去。

五、排列顺序　Order the Sentences

1. A: 我本来不想来上课了
   B: 所以不得不来
   C: 可今天有考试　　______________________________
2. A: 我们不得不接受现实
   B: 尽管我们每个人都有梦想
   C: 但不是所有梦想都能实现的　　______________________________
3. A: 可他还是迟到了
   B: 因为路上堵车很厉害
   C: 尽管今天他是打车来学校的　　______________________________
4. A: 我知道要是你知道我拉肚子
   B: 可你的电话我打不过去
   C: 你会陪我去医院的　　______________________________

六、阅读理解　Reading Comprehension

大卫昨天晚上玩儿游戏，没有复习，今天早上起不来床，睡到 10:00 才起。起床以后他去上课，正好赶上老师听写生词，大卫什么也想不起来，所以他一个字也写不出来。老师问他："你为什么不会写？"他说不出原因来。

下课了，大卫去食堂吃饭。食堂的菜太咸了，他吃不下去。他想叫外卖，可是外卖电话一直占线，打不过去，大卫就回宿舍了。走到宿舍门口，发现钥匙不见了，他进不去宿舍了。大卫给他的同屋打电话，这时手机却坏了，打不出去电话了。唉，今天大卫怎么这么倒霉！

1. 大卫为什么不会写生词？（　　）

A. 起不来床　　B. 没复习　　C. 说不出原因来　　D. 睡得太晚

2. 大卫为什么给他的同屋打电话？（　　）

A. 想叫外卖　　B. 想跟同屋一起去食堂吃饭

C. 钥匙不见了　　D. 手机坏了

七、根据偏旁，写出不同的汉字　Write down Different Characters According to the Following Chinese Character Components

走：趟

________　________　________

火：烟

________　________　________

车：转

________　________　________

第十八课

学汉语的好方法

生　词　New Words

1	不仅	bùjǐn	连	not only	不仅好吃而且便宜
2	满	mǎn	形	full, filled	满分、水满了
3	方法	fāngfǎ	名	method, way	学习方法、好方法
4	信心	xìnxīn	名	confidence	有信心、信心很足
5	优点	yōudiǎn	名	advantage	没有优点、优点不少
6	重视	zhòngshì	动	to attach importance to, to pay attention to	对学习很重视
7	使用	shǐyòng	动	to use	使用汉语、使用工具
8	打工	dǎgōng		to do work for others	在咖啡馆打工
9	按照	ànzhào	介	according to	按照要求、按照规定
10	词语	cíyǔ	名	word, phrase	汉语词语、词语的用法
11	交流	jiāoliú	动	to communicate	跟同学交流学习方法
12	提醒	tíxǐng	动	to remind	提醒我带伞
13	积极	jījí	形	positive, active	积极参加活动
14	不管	bùguǎn	连	no matter	
15	坚持	jiānchí	动	to persist in, to insist on	坚持锻炼身体
16	俩	liǎ	数	two(used as a numeral and measure word structure)	我们俩、母女俩
17	一言为定	yìyán wéidìng		a promise is a promise	

课　文　Text

(一)学汉语有什么好方法?

玛　丽：听说你们班大卫通过了 HSK 4 级?

安　娜：不仅通过了,而且成绩还很高呢,只差三分就满分了。

玛　丽：真让人羡慕！不知道他有什么好方法。我的汉语成绩总是上不去,我都快没信心了。

安　娜：你别着急。我觉得大卫学汉语有一个优点,就是他重视使用汉语。他来中国以后就边学习,边在咖啡店打工。

玛　丽：按照中国的法律,留学生不是不能打工吗?

安　娜：咖啡店是他叔叔开的,他在那儿帮忙。在那里他不仅能用我们学过的词语跟中国人交流,而且还学会了不少我们没学过的词语。

玛　丽：是这样啊！老师也经常提醒我们,学了就要用,可有的时候我课上练习得少,课下为了省事儿,就说英语了。

安　娜：所以我们得改变这样的坏习惯,要积极、主动,多练习。不管课上课下,都用汉语;不管说得好不好,都坚持说。

玛　丽：我接受你的建议！那以后咱俩谁说英语,谁就请客,怎么样?

安　娜：好！一言为定！

生　词　New Words

18	表扬	biǎoyáng	动	to praise	老师表扬我了、我受到了表扬
19	祝贺	zhùhè	动	to congratulate	祝贺你取得第一名、祝贺你毕业
20	骄傲	jiāo'ào	形	proud of	为……感到骄傲、不要骄傲
21	无聊	wúliáo	形	bored	无聊的生活、这部电影很无聊
22	民歌	míngē	名	folk song	一首民歌、民歌很好听
23	耳机	ěrjī	名	earphone	一副耳机、戴耳机
24	扩大	kuòdà	动	to enlarge, to expand	扩大范围、扩大词汇量

25	试	shì	动	to try	试一试、试衣服
26	效果	xiàoguǒ	名	effect	效果很好、(没)有效果

课 文 Text

(二)听中文歌学汉语

我是我们班第一个通过 HSK 4 级的,老师表扬了我,同学们都祝贺我,我也挺为自己骄傲的,对学好汉语更有信心了。

有的同学问我学好汉语的经验和方法。其实,我的方法很简单,就是多听、多说。可能大家会说,天天听课文多无聊呀!我来给大家介绍一个有趣的方法——听中文歌。

我非常喜欢听中文歌,不仅喜欢听流行歌,而且还喜欢听民歌。不管是在上课的路上还是在下班的车里,一有时间我就戴上耳机,走到哪儿听到哪儿,有时还跟着唱呢。听唱中文歌,不仅提高了我的听力和口语水平,而且还扩大了生词量。不信你也试一试,一定会收到不错的效果!

注 释 Notes

一、只……就……了(just...already...)

Indicating getting something quickly.

(1)只吃了两口就饱了。

(2)只看了几眼就会了。

二、一言为定（a promise is a promise）

（1）A：你如果每门课都考 95 分以上，妈妈就给你买 Ipad。

B：好！一言为定！

（2）咱俩一言为定，谁到得早谁买票。

课文理解　Text Comprehension

一、根据课文（一）回答问题　Answer the Following Questions According to Text（一）

（1）大卫通过 HSK 4 级了吗？

（2）大卫除了学习汉语，还做什么？

（3）大卫在咖啡店打工，对他学习汉语有什么帮助？

（4）玛丽的汉语成绩为什么上不去？

（5）安娜觉得怎样才能学好汉语？

二、根据课文（二）回答问题　Answer the Following Questions According to Text（二）

（1）"我"学好汉语的方法是什么？

（2）"我"给大家介绍了一个什么学汉语的方法？

（3）"我"为什么喜欢听中文歌？

（4）"我"什么时候听中文歌？

三、根据课文（一）填空　Fill in the Blanks According to Text（一）

我们班的大卫________通过了 HSK 4 级，而且成绩还很高，只差三分就________分了。听安娜说，大卫学汉语有一个________，就是他________使用汉语。他来中国以后就边学习，边在他叔叔开的咖啡店________。在那里他不仅能用我们学过的词语跟中国人________，而且还学会了不少我们没学过的词语。

虽然老师也经常________我们，学了就要用，可有的时候我课上练习得少，课下为了省事儿，就说英语了。我们得________这样的坏习惯，要________、主动，多练习。________课上课下，都用汉语；不管说得好不好，都________说。我想，这样________我们也会很快学好汉语的。

四、根据课文（二）填空　Fill in the Blanks According to Text（二）

我是我们班第一个通过 HSK 4 级的，老师________了我，同学们都________我，我也挺为自己________的，对学好汉语更有________了。

其实，我学汉语的方法很简单，就是多听、多说。听中文歌就是个很有意思的方法。我非常喜欢听中文歌，不仅喜欢听________歌，而且还喜欢听民歌。________是在上课的路上还是在下班的车里，一有空儿我就戴上耳机，走到哪儿听到哪儿。这不仅提高了我的听力和口语水平，而且还________了生词量。不信你也________，一定会收到不错的________！

语　法　Grammar

一、不仅……而且……　not only...but also...

S　+　不仅……，而且（S）……

（1）大卫不仅通过了 HSK 4 级，而且成绩还很高呢。

（2）我不仅喜欢听流行歌，而且还喜欢听民歌。

（3）听唱中文歌，不仅提高了我的听说水平，而且还扩大了生词量。

不仅　+　S_1……，而且　+　S_2……

不仅我吃过中国菜，而且我朋友也吃过。

错句　Wrong sentences

*（1）我不仅喜欢听流行歌，而且我姐姐也喜欢听。

*（2）来中国以后，我交了不仅韩国的朋友，而且别的国家的朋友。

*（3）她不仅有了孩子，而且还结了婚。

总结　Summary

“不仅 A，而且 B”表示除了 A 情况以外，还有比 A 更进一步的 B 情况，多用于书面语。“不但 / 不只 / 不光……，而且 / 还 / 也……”与其用法相同。注意：①“不仅”的位置；②“不仅”“而且”不能连接名词性词语；③前后两小句之间应该有递进关系。

“不仅 A，而且 B”indicates that beside situation A , situation B is further, and it is mostly used in writing."不但 / 不只 / 不光……，而且 / 还 / 也……", which has the same meaning. Note: ① the position of "不仅". ② "不仅","而且" can't connect two nouns or NPs. ③ The relation of these two clauses should be in progressive relationship.

二、疑问代词表任指 Interrogative Pronouns Referring to Anything

（1）以后咱俩谁说英语，谁就请客，怎么样？

（2）一有时间我就戴上耳机，走到哪儿听到哪儿，有时还跟着唱呢。

（3）我不会点菜，你想吃什么，就点什么吧。

（4）这本书你什么时候看完就什么时候还，别着急，慢慢儿看。

（5）你想怎么去就怎么去，坐公交或者打的都可以。

（6）A: 在你们班，如果有同学上课迟到了，怎么办？

B:______迟到了______唱歌。

（7）A: 如果让你随便买东西，你会买什么？

B:______什么______什么。

总结 Summary

用两个相同的疑问代词前后呼应，前者是任指的，后者与前者指称同一个人或事物。前后两个分句或短语之间多用"就"关联。

Two interrogative pronouns are used in concert with each other, the former has a general reference, the latter refers specifically to the thing or person the first pronoun indicates. The two clauses or phrases are usually linked by "就" in a sentence.

三、不管……都…… no matter ...,...will not change

不管 + {（是）A 还是 B / V 不 V /A 不 A / ABCD / 疑问代词（谁、什么、哪儿……） / 多 +adj.} ，……都……

（1）不管课上课下，都用汉语；不管说得好不好，都坚持说。

（2）不管是在上课的路上还是在下班的车里，我都听中文歌。

（3）不管春夏秋冬，他都坚持锻炼身体。

(4)大卫不管做什么事都非常认真。

(5)不管多忙多累，我都要按时完成作业。

错句　Wrong Sentences

*(1)不管父母不同意，我都要和他结婚。

*(2)不管天气很冷，他只穿一件外套。

*(3)不管汉语多难，都我们要坚持学下去。

总结　Summary

“不管/无论/不论……都/也……”表示在任何条件下，结果或结论都不改变。注意：①出现在“不管”后面的不能是一种确定的情况，而是几种不确定的情况；②“都”或“也”的位置应该在主语的后面。

“不管/无论/不论……都/也……”expresses that a fact, result or conclusion will not change under any circumstances.Note: ①“不管”should be followed by an unsure circumstance, and can’t be followed a sure circumstance. ②“都”或“也”should be put behind the subject.

综合练习　Comprehensive Exercise

一、语音练习　Pronunciation Exercise

(一)朗读后用汉字写出指定的词语　Write down the Pointed Characters after Reading Aloud

1.Nǐ duìxuéhǎo hànyǔ yǒu xìnxīn ma?

(　　　)

2.Nǐde lǎoshī yǒu shénme yōudiǎn?

(　　　)

3.Wǒmen yídìng yào zhòngshì hànzì de xuéxí.

(　　　)

4.Nǐ jīngcháng hé tóngxué jiāoliú xuéxí fāngfǎ ma?

(　　　)

5.Māma wèi wǒ gǎndào jiāo’ào.

(　　　)

6.Shíjiān dào le máfan nǐ tíxǐng wǒ yíxià, hǎoma?

（　　）

7.Shàngkè de shíhòu, wǒmen dōu yào jījí huídá wèntí.

（　　）

（二）朗读词组　Read Aloud the Phrases

有效果	没有效果	收到很好的效果
提建议	接受建议	建议改变生活习惯
改变习惯	改变工作方法	改变对他的看法
按照法律	按照老师的要求	按照学校的规定
祝贺你	祝贺你毕业	祝贺你通过 HSK 4 级

二、语素练习　Morpheme Exercise

1. 点（diǎn, aspect, part）：优点　缺点　特点

________点　________点

2. 机（jī, machine）：耳机　飞机　手机

________机　________机

3. 语（yǔ, lauguage, word）：词语　语法

________语　语________

三、选词填空　Choose the Proper Words to Fill in the Blanks

坚持　表扬　重视　提醒　骄傲

1. 安娜________每天都听二十分钟的汉语录音，一个学期以后，她的听力水平有了很大提高。
2. 现在大家都很________保护环境。
3. 最让你感到________的事儿是什么？
4. 弟弟这次考得很好，妈妈________了他。
5. 老师经常________我们注意安全。

积极	无聊	不仅	不管	按照

6. ________我，连我爷爷也会说“你好”。
7. ________你有钱没钱，都不该乱花钱。
8. ________中国的传统，春节的时候北方人大部分要吃饺子。
9. 学校里的活动，他一直都________参加。
10. 感到________的时候，你会做什么？

四、语法练习 Grammar Exercise

（一）替换练习 Substitution Drills

1. 我来中国， 不仅学习汉语， 而且还学习专业。

在学校	认识了中国朋友	认识了外国朋友
在食堂	吃了包子	吃了面条
去北京	参观了故宫	参观了颐和园
上大学以后	学会了弹钢琴	弹得不错

2. 不管课上课下， 他们 都 用汉语交流。

现在以后	我们	是好朋友
来不来上课	你们	要告诉我
多热	妈妈	不开空调

3. 哪 件 衣服 漂亮， 我 就 买 哪 件。

个	女孩儿	他	选	个做女朋友
个	地方	哥哥	去	个地方玩儿

（二）用括号里所给词语改写句子 Adapt the Following Sentences with the Words in Brackets

1. 玛丽喜欢看电影，还喜欢听音乐。（不仅……而且……）

____

2. 大卫会唱中国歌。大卫的中国歌唱得很好。（不仅……而且……）

____

3. 安娜按时来上课，别的同学上课也不迟到。（不仅……而且……）

____

4. 迟到的同学要唱一首歌。（谁……谁……）

____

5. 把你看到的写出来。（什么……什么……）

____

6. 按照你想的去做吧。（怎么……怎么……）

____

7. 天气好，我们去公园玩儿；天气不好，我们也去公园玩儿。（不管……都……）

____

8. 孩子聪明，父母爱他们；孩子笨，父母也爱他们。（不管……都……）

____

9. 所有人都喜欢听她的歌。（不管……都……）

____

（三）用“不管/无论……都……”回答问题　Answer Questions with “不管/无论……都……”

1. 这本词典很贵，你要买吗？

____

2. 明天的比赛大卫不参加，你还参加吗？

____

3. 我们每个人都要通过HSK 4级吗？

____

4. 我们在哪儿可以看到自行车？

____

5. 如果父母不同意你在校外租房子，怎么办？

____

（四）改错句　Correct Sentences

1. 不仅抽烟对别人的身体不好，而且对自己也不好。

____

2. 我不仅喜欢吃中国菜，我同屋也喜欢吃。

____

3. 我去超市买了不仅面包而且牛奶。

____

4. 不仅今天而且明天都有雨。

____

5. 不管下雨，我也要去北京。

____

6. 不管你遇到很多困难，都不要放弃努力。

____

7. 无论买不买，都你可以尝一尝。

____

（五）组句　Construct Sentences

1. 老师　　要　　汉语　　提醒我们　　使用　　重视

____

2. 学汉语　　好方法　　是一个　　听中文歌　　的

____

3. 我　　骄傲　　成绩　　为　　自己的　　感到

____

4. 天气　　怎么样　　都　　他　　坚持锻炼　　不管

____

5. 必须　　要求　　老师的　　作业　　完成　　按照　　我们

____

五、排列顺序　Order the Sentences

1. A：这不仅帮助我提高了听力和口语水平

   B：还帮助我扩大了生词量

   C：我非常喜欢听中文歌　　______________________________

2. A:否则就不会成功

B:不管汉语有多难学

C:我们都要坚持学下去 ______________________

3. A:如果你通过了 HSK

B:而且还能收到一份礼物

C:不仅能得到老师的表扬 ______________________

4. A:什么书有意思我就看什么书

B:我一有时间就去图书馆看书

C:有时还借回宿舍看呢

5. A:学汉语的方法有很多

B:看中文电影、听中文歌、跟中国人聊天都是不错的方法

C:我最喜欢的方法是跟中国人聊天 ______________________

六、阅读理解　Reading Comprehension

我试过很多学习汉语的方法:读中文报纸、唱中文歌、看电视、去中国各地旅游等,每种方法都有自己的特点。我觉得看电视是一种提高听说能力的好方法。

每天我一回家就打开电视,刚开始的时候,不管是什么节目,我都随便听听,能听懂的没几句。慢慢的,听懂的词语和句子就越来越多,我也越来越有信心了。现在我觉得对提高听力有用的节目,比如新闻节目、电视剧,我就会集中精神一边听,一边看。新闻节目说得比较快,但发音很标准,而且能了解中国和世界上发生的重要的事情。电视剧可以让我学会很多口语的表达方法,如果听不懂还可以根据故事的内容猜一猜意思。我认为如果继续坚持这个方法,不仅我的听力水平会越来越高,口语也会越来越好的。

1."我"觉得提高听说能力的好方法是(　　)。

A. 读中文报纸　　B. 看电视　　C. 听中文歌　　D. 旅游

2. 下面哪个不是"我"看新闻节目的原因?(　　)

A. 学会口语表达方法　　B. 发音很标准

C. 对提高听力有用　　D. 能了解重要的事情

七、课堂活动　Classroom Activities

除了上课,你还有什么学习汉语的方法?请说出三种,与同学交流一下,并说说哪种方法

对你最有帮助。

八、根据偏旁，写出不同的汉字 Write down Different Characters According to the Following Chinese Character Components

马：骄

________ ________ ________

禾：积

________ ________ ________

耳：聊

________ ________ ________

第十九课

你是怎么瘦下来的

生　词　New Words

1	关键	guānjiàn	形、名	key	第一印象很关键、关键的问题
2	秘诀	mìjué	名	secret (of success)	我的秘诀、减肥的秘诀
3	总结	zǒngjié	动	to sum up	总结学习方法、总结出来
4	成功	chénggōng	动	to succeed	减肥成功了、成功的秘诀
5	注意	zhùyì	动	to pay attention to	注意听、过马路要注意安全
6	主食	zhǔshí	名	staple food	不吃主食
7	果汁	guǒzhī	名	fruit juice	喝果汁、果汁很好喝
8	而	ér	连	used to express coordination by connecting cause and effect or aim and means	因为怕胖而不吃主食、因担心感冒而多穿衣服

9	失败	shībài	动	to fail	比赛失败、减肥失败
10	体重	tǐzhòng	名	weight	称体重、标准的体重
11	保持	bǎochí	动	to keep, to maintain	保持标准的体重、保持高水平

课　文　Text

（一）你是怎么瘦下来的

（玛丽在锻炼回来的路上，听见有人叫她，就停了下来。）

玛　丽：　平平！是你呀！好久不见，你瘦了很多啊！我都快认不出来了。

平　平：　你看出来我瘦啦？我减下去七八斤呢。

玛　丽：　你在减肥呀！本来你也不是很胖啊，怎么想到要减肥呢？

平　平：　我快要毕业找工作了，想给面试我的人留个好印象呗！

玛　丽：　对，第一印象很关键啊！你是怎么瘦下来的，有什么秘诀吗？

平　平：　我总结了一下，我减肥成功，主要注意了两点：一是少吃多运动，二是坚持。

玛　丽：　少吃？我有个朋友，为了减肥，一天只吃一顿，而且不吃主食，只吃蔬菜，喝果汁。刚开始还行，可没几天就饿得受不了，又吃起米饭来了。

平　平：　很多人都是因为坚持不下去而失败的。我想出来一个不让自己多吃的办法，就是把试穿漂亮衣服时穿不进去的样子，用手机照下来，想多吃的时候就拿出来看看，一看，就不想吃了。

玛　丽：　这个办法还挺有意思的。现在你的体重已经减下来了，可还要保持下去呀！

平　平：　对！我一定要保持下去。

生　词　New Words

12	现代	xiàndài	形	contemporary, modern	现代生活、现代社会
13	社会	shèhuì	名	society	人类社会、社会新闻
14	成为	chéngwéi	动	to become	成为有用的人、成为记者
15	共同	gòngtóng	形	common	共同爱好、共同点

16	究竟	jiūjìng	副	after all (used with question words to indicate the interrogative mood of investigating)	究竟什么时候去北京、你究竟来不来
17	真正	zhēnzhèng	形、副	real, true	真正的朋友
18	正常	zhèngcháng	形	normal	体重正常、正常人
19	判断	pànduàn	动	to judge	判断对错
20	成人	chéngrén	名	adult	18 岁就是成人了
21	是否	shìfǒu	副	if, whether	是否病了、是否需要减肥
22	算	suàn	动	to regard as	不算胖、这样说也算对
23	例如	lìrú	动	for example, for instance	
24	数字	shùzì	名	figure	几个数字
25	超过	chāoguò	动	to exceed	体重超过了 100 千克

课 文 Text

（二）你真的需要减肥吗

现代社会，人们的生活好起来了，肥胖的人也多起来了。减肥成为了很多人共同关心的问题。可你真的需要减肥吗？要减肥，首先得知道自己究竟是不是真正的肥胖。有很多人看上去有点儿胖，或者自己觉得有点儿胖，实际上，他的体重是正常的。怎么判断一个成人的体重是否正常呢？可以用他的身高（单位是厘米）减去 100，算出来的得数（单位是千克）就是他的标准体重。例如，你的身高是168厘米，那么你的标准体重就应该是168-100=68（千克）。你的实际体重比这个数字多几千克或是少几千克，都是正常的，你不需要减肥；只有当你的体重大大超过了这个数，你才需要减肥。

注 释 Notes

一、因为……而……（because of）

（1）很多人都是因为坚持不下去而失败的。

（2）他因为起床晚了而没吃早饭。

（3）你会因为父母的要求而改变自己吗？

二、究竟（after all）

（1）要减肥，首先得知道自己究竟是不是真正的肥胖。

（2）你究竟看没看见他？

（3）他究竟喜欢吃米饭还是喜欢吃面条？

课文理解 Text Comprehension

一、根据课文（一）回答问题 Answer the Following Questions According to Text（一）

（1）玛丽为什么快认不出来平平了？

（2）平平现在的体重是多少？

（3）平平为什么要减肥？

（4）平平瘦下来的秘诀是什么？

（5）平平是用什么方法不让自己多吃的？

（6）玛丽的朋友用"少吃"的方法减肥成功了吗？

二、根据课文（二）回答问题 Answer the Following Questions According to Text（二）

（1）现代社会，很多人共同关心的问题是什么？

（2）怎么判断一个成人的体重是否正常？

（3）按照算标准体重的方法，如果一个身高 170 厘米的成人的体重是 72 千克，他需要减肥吗？

三、根据课文（一）填空　Fill in the Blanks According to Text（一）

玛丽在锻炼回来的路上遇见了平平。平平说，为了找工作的时候给人留下个好印象，她正在______，而且已经减下来七八斤了。玛丽问她减肥的______，她______了两点：一是少吃多运动，二是坚持。玛丽的一个朋友就是因为没有坚持下去而减肥______的。所以平平虽然现在体重减下来了，但还要______下去。

四、根据课文（二）填空　Fill in the Blanks According to Text（二）

现代社会，人们的生活______了，肥胖的人也______了。减肥成为了很多人______关心的问题。要减肥，首先得知道自己______是不是真正的肥胖。有很多人______有点儿胖，或者自己觉得有点儿胖，实际上，他的体重可能是______的。怎么______一个成人的体重是否正常呢？用他的身高（单位是厘米）减去 100，得到的______（单位是千克）就是他的标准体重。实际体重比这个数字多几千克或是少几千克，都是正常的，是不需要减肥的。

语　法　Grammar

一、趋向补语的引申用法（2）　The Extended Meanings of the Complement of Direction(2)

V /adj. + 起来

（1）刚开始还行，可没几天就饿得受不了，又吃起米饭来了。

（2）现代社会，人们的生活好起来了，肥胖的人也多了起来。

（3）已经 6 月了，天气________了。

（4）听了他讲的笑话，大家都__________。

错句　Wrong Sentences

*（1）刚上课他们就说话起来，老师很生气。

*（2）我们一见面，就聊天儿起来。

总结　Summary

"V＋起来"的引申义可以表示动作或行为开始并继续；"adj.＋起来"表示某种状态开始出现，并且程度继续加深。动词后有宾语或离合词做谓语时，语序应该是：

The extended meaning of"V+ 起来"indicates the start and continuation of an action;"adj. + 起来"indicates the start and developing of an status. If the verb takes an object, or the predicate is a separable word, the order should be:

V ＋ 起 ＋ O ＋ 来

V＋下来

（1）玛丽听见有人叫她，就停了下来。

（2）你是怎么瘦下来的，有什么秘诀吗？

（3）火车快要进站了，速度慢下来了。

（4）请把黑板上的句子写下来。

（5）电影开始了，电影院里______________。

总结　Summary

"V＋下来"的引申义可以表示状态由动转静或由强到弱，常与"暗""静""低"等负向形容词结合；或者表示通过动作使人或物固定在某处。

The extended meaning of"V + 下来"indicates the state changes from active to static, and it usually follows negative adjectives like"暗","静","低"etc.; or indicates something or somebody being fixed at a certain place through an action.

V＋出来

（1）好久不见，你瘦了很多啊！我都快认不出来了。

（2）你看出来我瘦啦？我减下去七八斤呢。

（3）用他的身高减去100，算出来的得数就是他的标准体重。

总结　Summary

"V＋出来"的引申义可表示通过动作使某对象从无到有、从隐到显或从不认识到认识等等。

The extended meaning of"V + 出来"indicates something comes into being as a result of an action. Something concealed being exposed through an action; the identification of something.

V + 下去

(1)我减下去七八斤呢。

(2)你把衣服上的果汁洗下去了吗?

(3)这样的好习惯你要保持下去呀!

(4)玛丽已经习惯了这儿的生活,她想在这儿住下去。

总结　Summary

"V + 下去"的引申义可以表示表示通过动作使某物从某处分离,或已经开始的动作、状态继续进行。

The extended meaning of"V + 起来"indicates separation of something from some places by an action , or the continuation of an action or status.

综合练习　Comprehensive Exercise

一、语音练习　Pronunciation Exercise

(一)朗读后用汉字写出指定的词语　Write down the Pointed Characters after Reading Aloud

1.Duì zhōngguó xuéshēng lái shuō, gāosān zhè yìnián shì fēicháng guānjiàn de.

(　　)

2.Tā zǒngjié le kǎoshì chénggōng de jīngyàn.

(　　)　(　　)

3.Zài xiàndài shèhuì zhōng, rénmen xūyào duō jiāoliú.

(　　)(　　)

4.Nǐ jiūjìng xiǎng chéngwéi yígè shénmeyàng de rén?

(　　)　(　　)

5.Wǒmen bù yīnggāi hàipà shībài.

(　　)

（二）朗读词组　Read Aloud the Phrases

停下来	瘦下来	安静下来
人多起来	生活好起来	吃起米饭来
说下去	保持下去	坚持下去
看出来	想出来	认出来

二、语素练习　Morpheme Exercise

1. 食（shí, food, eat）：主食　食堂

　　________食　食________

2. 汁（zhī, juice）：果汁　橙汁　苹果汁

　　________汁　________汁

3. 代（dài, historical period）：现代　古代

　　________代　________代

三、选词填空　Choose the Proper Words to Fill in the Blanks

超过　成为　成功　保持　判断

1. 学完汉语以后，经过努力，他________了一家公司的老板。
2. 经常锻炼可以让我们__________身体健康。
3. 据研究，每人每天吃盐的量应该不________6 克，否则会影响健康。
4. 怎么________一个成人的体重是否正常呢？
5. 虽然他在工作上取得了很大______，但是他一点儿也不骄傲。

关键　真正　究竟　而　共同　正常

6. 比赛由于天气的原因________推迟了。
7. 你学习汉语的目的________是什么？
8. 你觉得一个成人每天睡 15 个小时________吗？
9. 有人认为解决环境问题的________是提高人们对环保的认识。
10. 谁是你________的朋友？
11. 他和爱人有一个________的爱好——看电影。

四、语法练习 Grammar Exercise

(一)替换练习 Substitution Drills

1. 打电话的人是谁， 我 听 出来了。

这个菜是用什么做的	吃
她瘦了	看
老师的名字	写

2. 你的体重已经正常了， 还要 减 下去吗？

你的汉语已经很好了	学
你在中国住了8年了	住
你都工作10个小时了	工作

3. 老师读的生词， 我没 写 下来。

昨天晚上的电影票	留
大卫的电话号码	记
老师的PPT	照

4. 听到这个好消息， 他就 笑 了起来。

看完这个故事	哭
想好内容以后	写
从包里拿出一本书	看

(二)选择适当的趋向补语填空 Choose the Proper Complements of Direction to Fill in the Blanks

1. 你能看________这个句子错误的地方吗？

A. 上去　　B. 出来　　C. 下来　　D. 起来

2. 请同学们把今天的作业记________。

A. 下去　　B. 起来　　C. 下来　　D. 出来

3. 电影快要开始了，电影院里安静________了。

A. 下来　　B. 出来　　C. 起来　　D. 下去

4. 你能想________一个有效的减肥方法吗？

A. 下来　　B. 下去　　C. 起来　　D. 出来

5. 她们俩一见面，就________。

A. 聊天儿起来　　B. 聊起天儿来

C. 聊起来天儿　　D. 起来聊天儿

6. 这个电影真没意思，我________了。

A. 看不起来　　B. 看不下来

C. 看不下去　　D. 看不出来

7. 春节过完了，人们又开始忙________了。

A. 下来　　B. 下去　　C. 起来　　D. 出来

8. 找了半天，我也________这两张画儿不一样的地方。

A. 找不出来　　B. 没找出来

C. 找不起来　　D. 没找起来

（三）用“V/adj. + 起来 / 出来 / 下来 / 下去”完成句子　Complete the Following Sentences with “V/adj. + 起来 / 出来 / 下来 / 下去”

1. 昨天我参加了毕业20年的老同学聚会，有的同学变化太大了，见面以后，我都____________了。

2. 这个问题太难了，很多同学都没____________。

3. 你都已经喝了五瓶啤酒了，不能再____________了。

4. 冬天来了，天气____________了。

5. 你们俩可以把楼上的沙发____________吗？

6. 看到这个让人感动的故事，我的眼泪____________了____________。

7. 同学们的作业我已经看完了，请班长把作业本____________吧。

8. 我来中国留学，父母很担心，他们知道我很好以后，就____________。

9. 这个词我昨天刚学过，今天听写的时候我____________了，所以写错了。

10. 经过一段时间的锻炼，他的身体慢慢____________了。

（四）改错句　Correct the Sentences

1. 老师说“开始”以后，同学们就讨论了下去。

2. 你叫什么名字，我想不出来了。

3. 开始学汉语的时候，我想过放弃，但我坚持下去了，今天终于毕业了。

4. 下了课，他们就讨论起来问题。

5. 他从钱包里拿一百块钱出来，交给了服务员。

6. 汽车上了高速公路以后，就快下来了。

(五)组句 Construct Sentences

1. 我的 减 体重 已经 下来 了

____

2. 他 吃 饿 米饭 起来 得

____

3. 是不是 你 肥胖 究竟 真正的

____

4. 留下的 给人 印象 第一 关键 很

____

5. 我 减肥的 好方法 出来 想 一个

____

五、排列顺序 Order the Sentences

1. A: 她一天只吃一顿饭
   B: 为了让自己快点儿瘦下来
   C: 而且不吃主食，只吃蔬菜 ______________________

2. A: 如果你的体重大大超过了这个数
   B: 你就需要减肥了
   C: 用你的身高减去100，得到一个数 ______________________

3. A: 不管你用什么方法
   B: 减肥才能成功
   C: 只有一直坚持下去 ______________________

4. A: 我决定减肥
   B: 快要毕业找工作了
   C: 为了给面试我的人留下个好印象 ______________________

六、阅读理解 Reading Comprehension

减肥不花钱 6种好方法让你瘦下来

有的人为了减肥试了很多方法，例如，节食、吃减肥药等等。虽然花了不少钱，但没什么效果。怎么做到既不花钱又能减肥呢？下面我们简单介绍几种方法。

（1）跳舞。跳舞是减肥的好方法之一。跟着音乐把身体舞动起来吧！每周3~4次，坚持下去，就能起到减肥的作用。

（2）跳绳（tiàoshéng，jump the rope）。只要地方够大，就可以跳绳。一个人，两个人，多个人，想怎么跳就怎么跳。大家在一起，既锻炼了身体，又增进了感情。

（3）原地跑。在室内或过道选一块1平方米左右的空地，坚持每天原地跑15分钟，也可以减肥。

（4）上下楼梯。每周上下楼梯三至四次，每次连续15分钟，不仅能消耗（xiāohào，burn, consume）热量，还可以锻炼你的小腿、大腿。

（5）步行。饭后45分钟左右，以每小时4.8公里的速度步行，热量消耗很快，如果在饭后2~3小时再步行一次，效果更好。

（6）喝水。在众多的减肥法中，正确的喝水是最简单的。每天在起床后、早餐时、上午、午餐前、午餐后、晚餐前、晚餐后喝至少2升（shēng，liter）的开水或矿泉水，会收到很好的瘦身效果。

这些既省钱又简单的减肥方法究竟有没有效果呢？你快来试一试吧！

（根据 http://women.sohu.com/20080805/n258358916.shtml 改写）

1. 根据这篇短文，最简单的减肥方法是（　　）。

A. 跳舞　　B. 喝水　　C. 上下楼梯　　D. 跳绳

2. 饭后2~3小时再做一次，减肥效果更好的运动是（　　）。

A. 原地跑　　B. 上下楼梯　　C. 步行　　D. 跳舞

3. 文中提到的既锻炼了身体，又增进了感情的运动是（　　）。

A. 跳舞　　B. 跳绳　　C. 步行　　D. 上下楼梯

4. 文中提到的哪种运动占地比较小？（　　）

A. 原地跑　　B. 上下楼梯　　C. 步行　　D. 跳舞

七、课堂活动　Classroom Activities

3~4 人一组，谈一谈对减肥的看法，有没有减肥成功或失败的经历以及经常用到的减肥方法。

八、根据偏旁，写出不同的汉字　Write down Different Characters According to the Following Chinese Character Components

穴：究

__________　__________　__________

口：否

__________　__________　__________

贝：败

__________　__________　__________

第二十课

运动健身

生 词 New Words

1	健身	jiànshēn	名	physical exercise	参加健身活动、健身房
2	情况	qíngkuàng	名	situation	生活情况、你的情况
3	调查	diàochá	动	to investigate, to survey	调查原因、对学习情况进行调查
4	连……都/也……	lián…dōu/yě		even	连老师也不知道、连名字都忘了
5	材料	cáiliào	名	material	收集材料、阅读材料
6	懒	lǎn	形	lazy	很懒、懒猫

7	网球	wǎngqiú	名	tennis	打网球、网球比赛
8	限制	xiànzhì	动、名	restrict, limit, restriction, limitation	没有限制、限制身高
9	考虑	kǎolǜ	动	to think over, to consider	好好儿考虑一下、考虑问题
10	条件	tiáojiàn	名	condition	条件很好、学习条件
11	提供	tígòng	动	to provide	提供免费饮料
12	放假	fàngjià		to have a holiday or vacation	放三天假、圣诞节不放假
13	继续	jìxù	动	to continue	继续学习、继续努力
14	放松	fàngsōng	动	to relax	放松心情、不能放松

课　文　Text

（一）你继续去锻炼吧

王　建：阿里，最近你怎么没去健身房呀？忙什么呢？

阿　里：我正准备做一个调查，想了解一下留学生的课外生活情况，现在忙得连做梦都在找材料，哪儿还有时间去健身啊！

王　建：越忙越要重视锻炼，否则，天天坐着，连吃饭都不香了！

阿　里：说到吃饭，我现在吃得可比刚来中国时少多了。中国菜很好吃，我光吃不运动，就胖起来了。

王　建：真想象不出来你胖的样子！

阿　里：我胖的时候，同学们看到我网上的照片都很吃惊，连我妈妈也说认不出我了。胖了以后，我就懒得动，上三楼都累得难受。再不减肥恐怕连我自己都受不了了，这才决定去锻炼的。

王　建：你去“起点”练了多久就变成现在这个样子了？

阿　里：我去那儿也就3个多月吧。开始我跟朋友在网球场打球，后来发现打球受天气等方面的限制很大，我就考虑去健身房锻炼了。那时正好看到“起点”的广告，说那儿条件不错，还提供免费饮料，我就去了。

王　建：　所以咱俩才有机会遇见啊！这个周末你就给自己放个假，继续去锻炼吧。

阿　里：　好，听你的！忙了这么长时间，我也该放松放松了。

生　词　New Words

15	收入	shōurù	名	income	收入很高
16	减少	jiǎnshǎo	动	to reduce	收入减少了
17	甚至	shènzhì	连	even	
18	输	shū	动	to lose	比赛输了、输了球
19	研究	yánjiū	动、名	to research, to study	研究汉语、研究中心
20	证明	zhèngmíng	动	to prove	证明正确、证明 1+1=2
21	减轻	jiǎnqīng	动	to lighten	减轻体重、减轻压力
22	选择	xuǎnzé	动	to select, to choose	很难选择、选择合适的方法
23	科学	kēxué	形	scientific	科学地安排、方法不科学

课　文　Text

（二）压力与运动

随着社会的快速发展，人们的压力也越来越大，老板的批评、环境的改变、收入的减少，甚至连游戏的输赢都会给我们带来压力。

研究证明，人的压力越大，对身体健康的影响就越大。怎样才能减轻压力呢？最简单、有效的方法就是体育锻炼。锻炼的时候，应该选择适合自己身体条件的、自己感兴趣的运动，还要科学地安排运动量，最好能出汗，这样才能有效地减压。

注　释　Notes

一、说到……（mention, speak of）

（1）说到大卫，我们院的留学生没有不知道的。

（2）说到减肥的方法，你可以向阿里请教。

（3）说到电影，我最不喜欢看的就是功夫片了。

二、再不……就……（should do something immediately, or else）

（1）再不限制汽车的数量，环境污染问题就会越来越严重。

（2）你再不付款，那套房子就被别人买走了。

三、甚至（even）

（1）同学、朋友甚至父母，都不知道他已经结婚了。

（2）为了减肥，她不吃肉、不吃饭，甚至连水都很少喝。

（3）中国近几年发展很快，不但北京、上海等大城市变化大，甚至一些边远的小城市也发生了很大变化。

课文理解　Text Comprehension

一、根据课文（一）回答问题　Answer the Following Questions According to Text（一）

（1）阿里最近在忙什么？

（2）王建为什么认为越忙越要重视锻炼？

（3）阿里是怎么胖起来的？

（4）阿里胖到了什么程度？

（5）阿里为什么要去锻炼？

（6）阿里是怎么去健身房锻炼的？

（7）王建和阿里是在哪儿认识的？

二、根据课文（二）回答问题 Answer the Following Questions According to Text（二）

（1）哪些事会给我们带来压力？

（2）压力和健康有什么关系？

（3）减轻压力最简单、有效的方法是什么？

（4）锻炼的时候，怎样才能有效地减压？

三、根据课文（一）填空 Fill in the Blanks According to Text（一）

阿里刚来中国的时候，光吃不运动，很快就________。他的同学们看到他网上的照片都很________，连他妈妈都________他了。他也觉得再不减肥恐怕________了，这才决定去锻炼的。

开始的时候，他跟朋友在________打球，后来发现打球受天气等方面的________很大，他就去"起点"健身房锻炼了。那儿________不错，还________免费饮料。在那儿，他还认识了王建。最近，因为准备做一个留学生课外生活情况的________，非常忙，没有时间没去健身房了。他打算这个周末给自己________，________去锻炼，让身体也________。

四、根据课文（二）填空 Fill in the Blanks According to Text（二）

随着社会的快速发展，人们的压力也越来越大，老板的批评、环境的改变、________的减少，________连游戏的________都会给我们带来压力。

研究________，人的压力越大，对身体健康的影响就越大。怎样才能________压力呢？最简单、有效的方法就是________。锻炼的时候，应该________适合自己身体条件的、自己感兴趣的运动，还要________安排运动量，最好能出汗，这样才能________减压。

语 法 Grammar

一、"连"字句 "连"– Sentence

连 + N / NP/CLAUS + 都 / 也 + V

（1）同学们看到我网上的照片都很吃惊，连我妈妈也认不出我了。

(2)再不减肥恐怕连我自己都受不了了，这才决定去锻炼的。

(3)我连图书馆在哪儿都不知道，怎么借书呀？

(4)他不是个勇敢的人，________都怕。

连 + V + 都/也 + 不/没 + V

(1)妈妈生病了，他连问都/也不问。

(2)这种水果长在南方，以前我连见都/也没见过。

(3)成为明星这种事，我连想都/也不敢想。

连 + 数量短语(数词多为"一")+ 都/也 + 不/没 + V

(1)刚来中国的时候，我连一句汉语也不会说。

(2)我现在太穷了，钱包里连一块钱都没有。

(3)今天来的人太少了，连十个人都不到。

(4)他吃得太饱了，连________吃不下了。

错句　Wrong Sentences

*(1)这儿的冬天很冷，连雪都下了。

*(2)今天早上，他连吃饭也没吃就去上课了。

总结　Summary

含有"连……都/也……"结构的句子叫"连"字句。"连"后面的名词性成分、小句代表最不应该如此或最不可能如此的情况，全句隐含比较的意思，有强调、夸张的作用。"都 / 也"的后面都可以接否定句，接肯定句时，通常用"都"。

注意，"连"字句通常表示一种反常或意想不到的情况，否则就不应该用"连"字句。"连"后的名词可以是后面动词的主语，如：这个字连老师也不认识。也可以是宾语，如：他太累了，回到家连鞋都没脱就睡了。

A sentence containing "连…都 / 也…" is called sentence with "连". The nominal constituent or the clause express the situation that is the last thing or most impossible to happen. The whole sentence has the implication of comparison, it also has the function of emphasizing and exaggeration. "都 / 也" can be followed by a negative sentence. When it is followed by an affirmative sentence, "都" is generally used.

Pay attention that sentence with "连" are usually used to express the abnormal or unexpected situation, or else we don't use this sentence. The noun behind "连" can be the subject of the verb followed. For example. 这个字连老师也不认识。And it can also be the object. For example, 他太累了，回到家连鞋都没脱就睡了。

二、状语标记"地"　Adverbial Sign of "地"

状语（adj. / AP / VP……）　+　地　+　V

（1）要科学地安排运动量。

（2）这样才能有效地减压。

（3）他非常兴奋地向我们介绍了比赛的情况。

（4）你再认真（地）检查检查！

（5）我们要有计划地发展国际汉语教育。

错句　Wrong Sentences

*（1）我忽然地想起来了。

*（2）那种情况很少地见到。

总结　Summary

结构助词"地"用作动词前面，是状语的标记。描写动作者的状语后一定用"地"；形容词短语、动词短语作状语，后面一般要用"地"；双音节形容词作状语时，可用可不用"地"；单音节形容词、副词、"很少""很难""很容易"等作状语时后面不用"地"。

Particle structure "地" is a sign of adverbial when it is used in front of a verb. "地" must be used behind the adverbial when describing the doer of the action. "地" is generally used behind when adjective phrase or verb phrase is used as adverbial. "地" may or may not be needed when double-syllable adjective is used as adverbial. "地" is not needed when single-syllable adjective, adverb, or "很少", "很难", "很容易" is used as adverbial.

综合练习 Comprehensive Exercise

一、语音练习 Pronunciation Exercise

(一)朗读后用汉字写出指定的词语 Write down the Pointed Characters after Reading Aloud

1.Nǐ jīngcháng cānjiā jiànshēn huódòng ma?

( )

2.Lǎoshī duì wǒmen kèxià shǐyòng hànyǔ de qíngkuàng jìnxíng le diàochá.

( ) ( )

3.Fùmǔ xiànzhì háizi shàngwǎng de shíjiān.

( )

4.Xuéyuàn gěi wǒmen tígòng le hěnhǎo de xuéxí huánjìng.

( )

5.Wǒ xiǎng xiàxuéqī jìxù zài zhèr xuéxí.

( )

6.Yánjiū zhèngmíng, hēchá duì jiànkāng yǒu hǎochu.

( )( )

7.Huàn le gōngzuò yǐhòu, tāde shōurù bǐ yǐqián jiǎnshǎo le.

( ) ( )

(二)朗读词组 Read Aloud the Phrases

连看都没看

连古文化街都没去过

连一句汉语也不会说

科学地锻炼　　　　科学地解释　　　　科学地解决问题

二、语素练习　Morpheme Exercise

1. 假（jià, vacation）：放假　暑假

　　________假　________假

2. 学（xué, subject）：科学　数学

　　________学　________学

3. 料（liào, material）：材料　饮料

　　________料　________料

三、选词填空　Choose the Proper Words to Fill in the Blanks

调查　限制　提供　继续　放松

1. 这次汉语水平考试是________人数的。
2. 我听说有的孔子学院免费________汉语书。
3. 紧张的工作结束了，我们终于可以________一下了。
4. 请班长帮我________一下我们班同学喜爱的体育运动有哪些。
5. 还有很多作业，我只好________写下去。

甚至　连　方面　科学　懒

6. 你最喜欢看哪________的书？
7. 我们要学会________地安排课外的时间。
8. 你怎么________微信都不会用啊？太 out 了！
9. 同学们都说他________，因为他半个月才洗一次衣服。
10. 现在不但是年轻人，________六七十岁的老人都在网上购物了。

四、语法练习　Grammar Exercise

(一) 替换练习　Substitution Drills

1. 这个问题　太　难　了，连　老师　也　回答不了。

这座山	高	鸟	飞不过去
那篇课文	长	大卫	背不下来
我最近	忙	周末	不能休息
那个房子	贵	有钱人	买不起

2. A：你能借给我点儿钱吗？

B：你还是问别人吧，我连一分钱都没有了。

带我去图书馆	图书馆在哪儿	不知道
告诉我这个字怎么读	见	没见过这个字
帮我问服务员一个问题	一句汉语	不会说
陪我聊聊天儿	喝口水的时间	没有

(二) 用“连……都/也……”完成对话

1. A：这种汽车不错，你买一辆吧！

B：我________________，哪儿买得起汽车啊！

2. A：一加一等于几？

B：这也太简单了，________________。

3. A：我听说小王的孩子都两岁多了。

B：你听谁说的？他________________。

4. A：狗不理包子真好吃！这是我第一次吃。

B：你来天津这么长时间了，________________。

5. A：你买了这么多书，都看过吗？

B：有的看了，有的________________。

6. A：你去高级班上课，感觉怎么样？

B：老师说得太快了，我________________。

7. A：再坚持一下，马上就到山顶了。

B：我太累了，________________________。

8. A：你的同屋感冒好了吗？

B：没好，他咳嗽得很厉害，____________________。

(三)请在下面句中该用"地"的地方填"地"，可用可不用的地方填"(地)"，不能用的地方画"×"　Fill in the Blanks with "地" When You Must Use "地", with "(地)" When You May or May Not Need "地", with "×" When You Cannot Use "地"

1. 她很有礼貌________跟大家打招呼。
2. 你要努力______完成老师留的作业。
3. 最近爸爸很少________抽烟了。
4. 在图书馆里请不要大声______说话。
5. 我们经常______在一起研究问题。
6. 妈妈激动______说："我太为你骄傲啦！"
7. 听到好朋友住院的消息，她伤心______哭了起来。
8. 太累了，真想好好儿__________睡一觉。
9. 在咖啡馆打工的时候，他每天都早______来晚______走，非常辛苦。

(四)用"连……都/也……"改写句子，画线的部分是要强调的　Rewrite the Sentences with "连……都/也……". The Underlined Parts are the Emphasized Parts

1. 他来中国以后，没给家里打过一次电话，家人很担心他。

他来中国以后，连一次电话也没给家里打过，家人很担心他。

2. 比赛中他们队没有进球，最后输了。

____。

3. 我的情况，他没问过，怎么能说关心我呢？

____。

4. 初级班的同学参加了节目表演。

____。

5. 他不认识生词，怎么读课文呢？

____。

6. 大卫工作非常紧张，有时候都没时间去洗手间。

____。

7. 安娜汉语水平很高，能看懂中文小说。

______________________________。

8. 阿里写给玛丽的信，玛丽没看就扔进了垃圾桶。

______________________________。

（五）改错句 Correct the Wrong Sentences

1. 我以前连一次也没参加过运动会。

____

2. 他在中国生活了两年，连“你好”都会。

____

3. 古代汉语，连中国学生觉得难学，更别说留学生了。

____

4. 体育锻炼有的时候很难地坚持下去。

____

5. 他们非常热情得跟我打招呼。

____

（六）组句 Construct Sentences

1. 老师　调查　学生的　进行了　对　上课情况

____

2. 减肥　水　为了　小王　连……都　少喝

____

3. 他　力气　连……也　说话的　累得　没有了

____

4. 证明　能　压力　减轻　研究　运动

____

5. 有效地　时间　利用　应该　我们

____

五、排列顺序 Order the Sentences

1. A：人们的压力越来越大
   B：随着社会的快速发展
   C：而体育锻炼是最简单、有效的减压方法　______________________

2. A:所以连锻炼健身的时间都没有了

B:我每天都很忙

C:因为要做一个留学生课外生活情况的调查 ________________

3. A:根据科学研究

B:才能有效地减压

C:你必须达到出汗的运动量 ________________

4. A:其实早上不是锻炼的最好时间

B:很多人都认为早起锻炼对身体好

C:甚至有的医生认为这个时候锻炼会影响健康 ________________

六、阅读理解 Reading Comprehension

锻炼啦,你可以坚持吗?

小王说:“自从毕业以后就很少坚持锻炼,工作太忙,没有时间。”老张说:“在家人鼓励下学习太极拳,刚开始还挺认真,可时间一长就觉得没意思了。”每个人都知道锻炼的好处,可多数人由于各种原因不能长期坚持。面对这个和健康关系很大的问题,你是否也觉得不知道怎么办?

一个良好的开始

找到适合自己的运动,是让锻炼能够坚持下去的最重要条件。

对老年人来说,选择健身活动时可以考虑环境的条件。比如,利用小区及周边的健身设施(shèshī, facilities),到广场和空地去,多和朋友们一起活动等。

中、青年人的运动,还可以根据自己的情况来选择。不同的运动形式对心理有不同的影响,哪方面有缺点、不足,就锻炼哪方面。这样不仅锻炼了身体,还能使心理状态变好。锻炼者自然愿意继续下去。比如,如果想提高与人交流的能力,最好选择足球、篮球等集体项目(jítǐ xiàngmù, group event);如果遇事不够冷静,就选择慢跑、太极拳等比较慢的运动等。

让锻炼变得简单快乐

放弃“没有痛苦就没有收获”的想法吧,试着让锻炼变成你生活中有趣的部分。在锻炼过程中,可以通过下面的方法来赶走无聊的感觉。

锻炼之前,对付出和得到进行比较:找一张白纸,写出你对参加体育锻炼正反两方面的看法,这让很多人第一次认识到了“锻炼”的好处。

适当变换环境条件:比如改变自然环境和场地设施,到公园、到郊外、到不同的体育场馆去，或者尝试不同的运动形式。

适时发现健身效果：及时注意身体情况的改变以及锻炼水平的提高，如果感到满意，就给自己一些小礼物。

得到家人的支持：一个高水平的教练能对锻炼提供科学而有效的帮助。

找到爱好相同的朋友、得到家人的理解和鼓励等，会减少放弃锻炼的机会。

（根据《大众医学》2008-02 张春华的文章改写）

1. 下面哪个可能是能让你坚持锻炼的原因？（　　）

   A. 锻炼很痛苦　　B. 运动不适合自身的情况

   C. 没有效果　　D. 家人的支持

2. 如果想提高与人交流的能力，你最好选择（　　）。

   A. 太极拳　　B. 慢跑

   C. 足球　　D. 游泳

3. 锻炼时如果感觉很无聊，你可以（　　）。

   A. 换一种运动形式　　B. 放弃锻炼

   C. 给自己买礼物　　D. 在白纸上把你付出的写下来

七、课堂活动　Classroom Activities

3~4 人一组，谈一谈对运动健身的看法，自己喜欢的运动，什么时候开始喜欢的，坚持了多长时间以及这种运动给自己带来的好处等。

八、根据偏旁，写出不同的汉字　Write down Different Characters According to the Following Chinese Character Components

冫：况　减

__________　__________　__________

心：虑

______ ______ ______

石：研

______ ______ ______